Le Spé

Roches et fossiles

Ben Morgan
Expert-conseil Dr Douglas Palmer
Adaptation française Lucile Galliot

Gründ

UN LIVRE DORLING KINDERSLEY

POUR L'ÉDITION ANGLAISE :
Bookwork Ltd :
Création éditoriale : Arthur Brown,
Suivi éditorial : Helen Ridge
PAO : Tish Jones, Elly King, Elaine Hewson, Mick Barratt
Dorling Kindersley Ltd :
Création éditoriale : Fran Baines, Carey Scott
Création artistique : Stefan Podhorodecki
Responsable éditoriale : Linda Esposito
Responsables éditoriaux :
Caroline Buckingham, Andrew Macintype
Graphisme de couverture : Chris Drew
Textes de couverture : Adam Powley,
Responsable de la couverture : Carrie Love
Directeur éditorial : Jonathan Metcalf
Fabrication : Erica Rosen
Iconographie : Liz Moore
Documentaliste : Sarah Mills
PAO : Natasha Lu
Photographies : Dave King
Photographies de couverture *Première de couverture* : Getty/Calrissa Leahy (en bas, à gauche) ; Robert Harding/Stock Pix/Simon Harris (le ciel) ; Powerstock/Maureen Lawrence (image principale) ; Science Photo Library/Jim Amos (en bas, au centre) ; Maruo Fermariello (en bas, à droite)

POUR L'ÉDITION FRANÇAISE :
Adaptation française : Lucile Galliot
Secrétariat d'édition : Émilie Collet

ISBN 978-2-7000-1627-7
Dépôt légal : mars 2007
PAO : Nord Compo, Villeneuve d'Ascq
Imprimé en Chine
Loi n° 49-956 du 16 juillet 1949
sur les publications destinées à la jeunesse

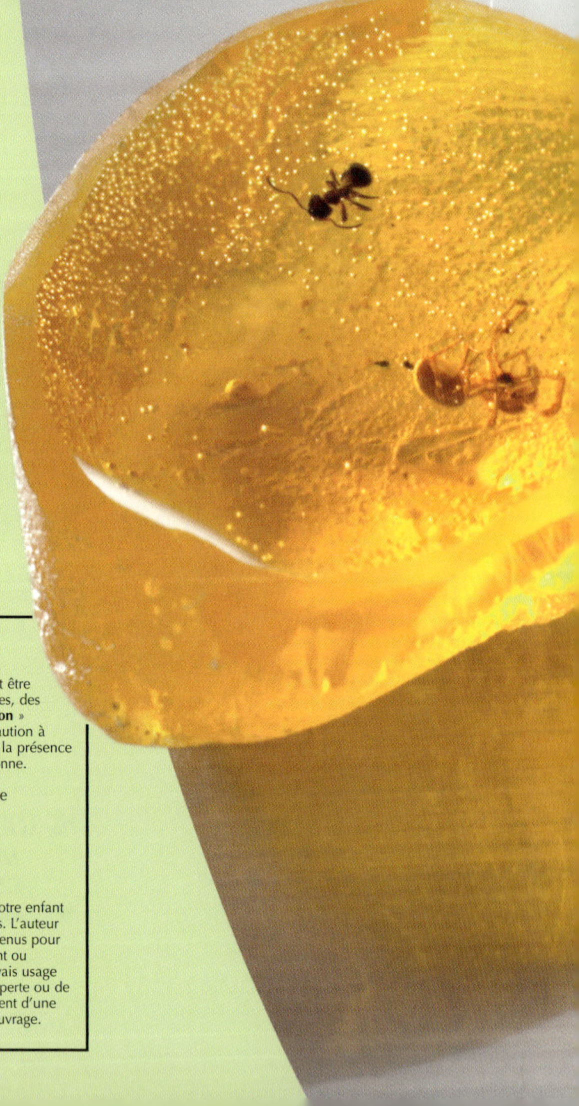

ATTENTION !
AVERTISSEMENT AUX PARENTS

Certaines activités proposées dans cet ouvrage doivent être effectuées sous le contrôle d'un adulte. Au fil des pages, des symboles indiquent lesquelles. Les encadrés « **Attention** » décrivent les risques encourus et les mesures de précaution à prendre. Veillez à repérer quelles activités nécessitent la présence d'un adulte, et surveillez votre enfant lorsqu'il s'y adonne.

Cette activité doit être effectuée avec l'aide d'un adulte.

Soyez très prudents pour cette activité.

ATTENTION
Encadré mentionnant si l'activité décrite peut être salissante. Suivez les conseils proposés, et n'effectuez l'activité que dans un lieu approprié.

Assurez-vous toujours que votre enfant respecte bien les instructions. L'auteur et l'éditeur ne peuvent être tenus pour responsables de tout accident ou blessure résultant d'un mauvais usage des instructions, ni de toute perte ou de tout dommage qui résulteraient d'une activité proposée dans cet ouvrage.

Sommaire

ATTENTION, LES ENFANTS !
RECOMMANDATIONS À LIRE ABSOLUMENT AVANT D'ENTREPRENDRE TOUTE ACTIVITÉ

1 Préviens un adulte avant de débuter une activité de ce livre : tu ne dois pas la réaliser sans le contrôle d'un adulte.

2 Fais attention aux symboles ci-dessous.

Sois très prudent avec cette activité.

Fais-toi aider par un adulte pour cette activité.

3 Lis les encadrés « Attention » qui t'informent sur les activités et t'indiquent lesquelles sont très salissantes et doivent être réalisées dans un lieu approprié.

4 Suis les instructions à la lettre.

Un monde de roches

La roche est l'élément constitutif de la Terre. Sous tes pieds, presque tout est en roche, même si parfois on ne les voit pas. Les roches cachent beaucoup de surprises et de secrets : des pierres précieuses, de l'or et des ressources vitales comme le fer et le verre. Tout comme les fossiles, l'histoire fascinante de la Terre est inscrite dans la roche.

La Chaussée des Géants, en Irlande du Nord, est constituée de colonnes de roche qui surgissent de la mer. Elles se sont formées il y a 60 millions d'années lorsque la lave s'est solidifiée et transformée en basalte.

En observant au microscope les minéraux qui constituent le basalte, on aperçoit des cristaux entremêlés

LA FORMATION DE LA TERRE

Il y a 4,5 milliards d'années, la Terre s'est réchauffée et ramollie. Les éléments les plus lourds, comme le fer, se sont tassés au centre tandis que les moins denses, comme les minéraux qui forment les roches, ont flotté à la surface. Le centre de la Terre est composé d'un noyau de fer chaud et liquide. Autour du noyau, il y a une couche épaisse de roche chaude et molle, appelée le manteau, autour de laquelle se trouve la croûte terrestre composée de roche dure et froide.

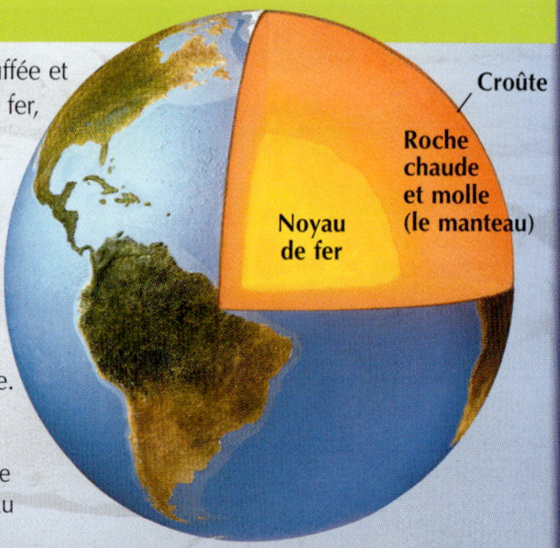

À l'intérieur de la Terre ▶
La Terre est une boule gigantesque formée de roche et de métal. Le métal est surtout situé dans le noyau et la roche dans les couches extérieures.

◂ Qu'est-ce que la roche ?

Une roche est un mélange d'éléments chimiques solides appelés minéraux. Ils sont entremêlés comme des pièces de puzzle. En regardant de plus près, on distingue parfois des minéraux séparés en grains (petits cristaux). La plupart des pierres sont dures et cassantes, mais certaines s'effritent au toucher.

Malachite

Qu'est-ce qu'un minéral ? ▴

Ce sont des solides non-organiques (qui ne se sont pas formés à partir de la vie) composés en général de cristaux. La glace est un minéral par définition. Les petits grains brillants dans le sable sont aussi des minéraux, issus d'un minéral appelé quartz. Il existe des milliers de minéraux différents, comme le diamant, l'or ou le sel. Les roches ne sont composées que d'une petite partie d'entre eux.

Cristaux de tourmaline

Qu'est-ce qu'un cristal ? ▴

Un cristal est un solide, de forme géométrique et régulière. Ses côtés sont lisses et plats et ses coins pointus. Il est souvent brillant ou translucide. C'est l'assemblage ordonné de ses atomes qui lui donne cette forme. Dans la plupart des roches, les cristaux sont trop petits pour être vus à l'œil nu pourtant il y en a des milliers. Dans certains cas très rares, les cristaux peuvent atteindre la taille de poteaux électriques !

Crâne de tyrannosaure

Qu'est-ce qu'un fossile ? ▸

C'est la relique d'une forme vivante, morte des milliers ou des millions d'années auparavant. La plupart sont des restes de créatures qui n'existent plus. Les parties dures de leur corps (les os) ont été enterrées. Avec le temps, les minéraux ont remplacé les matériaux organiques, les transformant en roche.

Les types de roches

Les scientifiques classent les roches en trois catégories, selon leur formation : roches ignées, roches sédimentaires ou roches métamorphiques. Sur des millions d'années, une roche peut passer d'une catégorie à l'autre, au cours d'un processus infini, appelé cycle des roches.

Granite rose

Basalte

Roche ignée

Environ 90 % de la roche composant la croûte terrestre est ignée. Elle se forme lorsque de la roche en fusion se refroidit et se solidifie. Sous terre, la roche en fusion (magma) se solidifie lentement, ce qui permet la formation de cristaux. Le magma devient alors une roche cristalline, dure et grenue tel le granite. À la surface, la roche ignée se forme quand de la lave s'échappe d'un volcan. Dans ce cas, la lave se solidifie rapidement, surtout si elle entre en contact avec de l'eau, (voir photo ci-dessous). Ces roches, tel le basalte, ne contiennent pas ou très peu de cristaux visibles.

Lave qui s'écoule dans la mer, Hawaï

Grès

Roche sédimentaire

Le sable, la boue et même les restes d'organismes vivants peuvent se transformer en roche. Ces sédiments se déposent au fond de la mer. Avec le temps, les couches les plus profondes subissent la pression des plus récentes. De plus, l'eau s'y infiltre et dépose des minéraux qui assemblent les particules sédimentaires. C'est ainsi que les sédiments sont transformés en roche sédimentaire. Ces couches, parfois visibles, ont l'apparence de bandes horizontales appelées strates.

Les falaises vermillon, Utah, États-Unis

Le cycle des roches

La roche de la croûte terrestre est continuellement détruite et recyclée. En surface, la roche se fragmente puis se transforme en roche sédimentaire. Sous terre, soit la roche fond et devient ignée, soit elle est comprimée et cuite par la chaleur de la roche en fusion et devient métamorphique. Les mouvements de la croûte terrestre remontent la roche à la surface de la Terre.

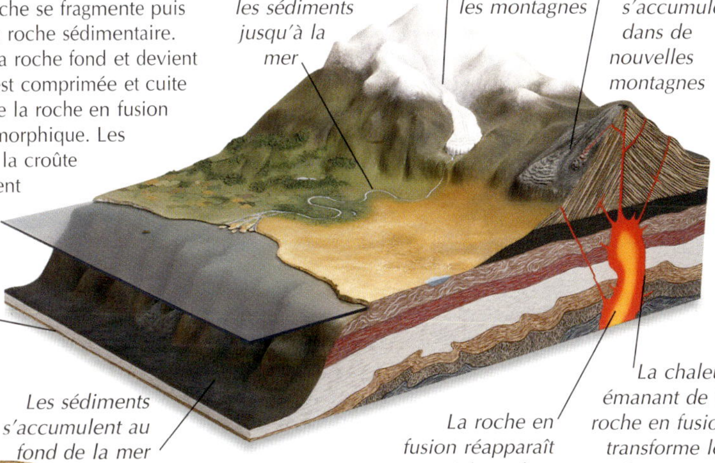

Mylonite

Roche métamorphique

Enfouie sous terre, la roche peut être exposée à une chaleur et à une pression intenses. Comme la roche ne fond pas totalement, les minéraux peuvent se recristalliser sous d'autres formes. On obtient ainsi une roche dure et cristalline, appelée métamorphique. Les roches métamorphiques, telles que le marbre, l'ardoise ou la mylonite, se forment souvent en régions montagneuses, là où la croûte terrestre s'épaissit et se plisse à cause d'une pression très forte.

LA CROÛTE TERRESTRE

Même si elle semble fixe, la croûte terrestre bouge. Elle est collée au manteau inférieur qui se retourne lentement comme de la mélasse très épaisse. C'est pourquoi la croûte s'est découpée en énormes fragments appelés plaques. Parfois, la roche en fusion s'immisce entre deux plaques et les éloigne l'une de l'autre. Ou bien, deux plaques se chevauchent : la plaque la plus dense s'enfonce alors très profondément dans le sol où la roche se réchauffe et fond. La roche de la croûte terrestre est donc en perpétuel mouvement.

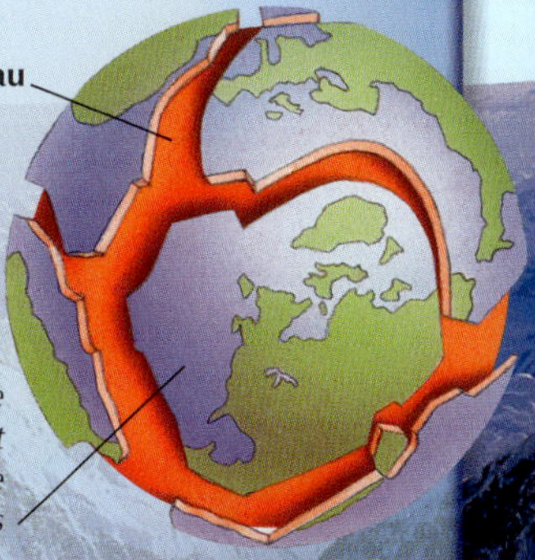

Le mont McKinley, Alaska, États-Unis

Sécurité et équipement

Nul besoin de matériel spécial pour commencer à connaître les roches et les fossiles, mais l'équipement décrit ci-dessous peut s'avérer utile. Lors d'une chasse aux roches et aux fossiles, prends les précautions suivantes : porte des vêtements voyants, pars accompagné d'un adulte, n'escalade pas les falaises, n'entre pas dans une carrière en activité et évite de te trouver au pied d'une falaise après un orage. Si tu explores la côte, renseigne-toi sur l'horaire des marées.

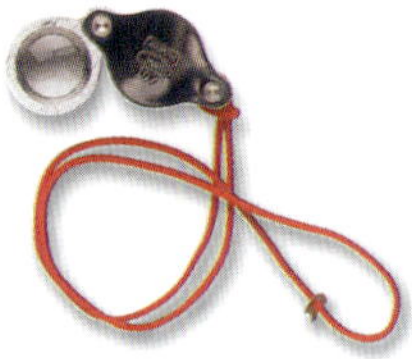

▲ Loupe
Une loupe x10 permet aux collectionneurs de roches professionnels d'identifier leur trouvaille en étudiant le grain.

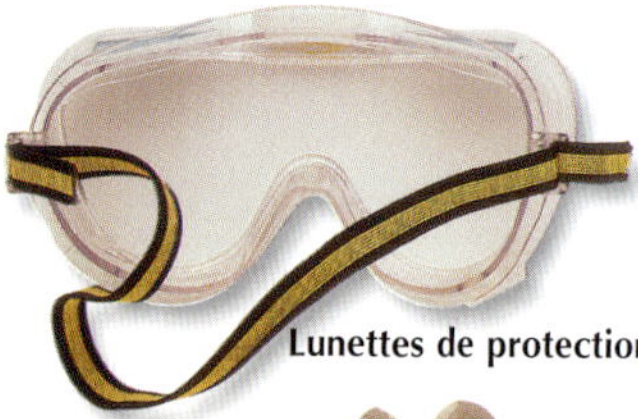

Lunettes de protection

◀ Chaussures de marche
Porte de solides chaussures qui protègent la cheville pour marcher sur des sols rugueux et rocailleux et d'autres imperméables pour les endroits humides ou boueux.

Casque et gants de sécurité

Il est préférable d'utiliser un casque de couleur voyante

Équipement de sécurité ▶
Le port du casque est obligatoire dans les endroits exposés aux chutes de pierre : dans les carrières ou au pied des falaises. Porte des gants épais pour manipuler du matériel rugueux ou tranchant et des lunettes de protection si tu t'approches de quelqu'un qui utilise un marteau de géologue. Tu peux trouver tout cela dans un magasin de bricolage.

LES PRODUITS CHIMIQUES

Dans certaines activités, tu vas utiliser des produits chimiques dangereux pour tes yeux, ta bouche et ta peau. Tu dois porter des gants et des lunettes de protection. Quand tu portes les gants, ne te touche ni les yeux ni la bouche. Après la manipulation, mets les gants jetables à la poubelle et lave-toi les mains. Avant d'utiliser un kit de cristaux, de la résine de modelage ou du plâtre de Paris, lis attentivement les instructions. Toute l'expérience doit être surveillée par un adulte.

Porte des gants en caoutchouc ou en plastique pour manipuler les produits chimiques

ATTENTION

À la campagne, certains lieux ont le statut de zone protégée. Ne ramasse pas de roches ni de fossiles dans ces endroits sans en demander la permission. Suis les instructions indiquées page 11.

Carte et boussole ▶
Pour t'aider à te rendre là où tu le souhaites et connaître la position géographique exacte d'un lieu, elles te seront très utiles. C'est très important de noter à quel endroit tu as trouvé tes roches, fossiles et minéraux pour pouvoir t'y référer.

Il est préférable de recouvrir les cartes pour les mettre à l'abri de la pluie.

Les marteaux de géologue servent à casser des grosses roches.

Marteau de géologue ▶
Il est très utile pour fendre la roche et pour détacher les fossiles du socle rocheux. Seuls les adultes peuvent s'en servir. Ne jamais utiliser de marteau de charpentier à la place, la tête en métal pourrait éclater. Celui qui se sert du marteau de géologue ainsi que tous ceux à proximité doivent porter des lunettes de protection car les éclats de roche peuvent voler dans n'importe quelle direction.

◀ Canif
Très pratique pour séparer les fossiles des roches, gratter la saleté et identifier les minéraux en procédant au test de dureté (voir page 26).

◀ Truelle
Elle sert à retirer délicatement la boue ou tout autre sédiment mou. Convenablement utilisé, le bout de la lame ramasse les éléments durs comme les silex et les fossiles enterrés dans la boue.

Enveloppe tes trouvailles les plus fragiles

Utilise des sacs et des récipients que l'on peut fermer hermétiquement

Emballages ▶
Les fossiles peuvent être très fragiles. Emballe-les dans du papier journal, du film à bulles ou du tissu.

▲ Papier crayon
Lorsque tu trouves une roche ou un fossile intéressant, note l'endroit où tu l'as trouvé sur une feuille. N'attends pas d'être rentré chez toi, note-le immédiatement. Puis, joins l'information au spécimen emballé.

OÙ ACHETER ROCHES ET FOSSILES ?

En plus de les ramasser dans la nature, beaucoup de collectionneurs les achètent en magasins. Tu peux aussi en trouver moins cher dans les vide-greniers ou les ventes de charité, mais renseigne-toi bien sur ce que tu achètes car certains minéraux sont toxiques. N'achète de fossiles qu'à des fournisseurs réputés. Parfois, les plus beaux fossiles en vente sont des faux.

Agates fendues et polies

Le chasseur de roches

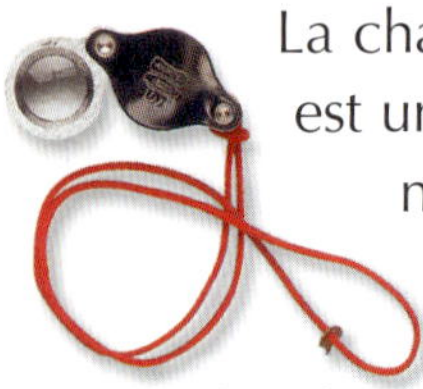

Loupe de poche

La chasse aux roches et aux fossiles est une vraie partie de plaisir. Rien n'égale le bonheur de découvrir soi-même des minéraux rares ou des cristaux scintillants. Pour devenir un vrai chasseur de roches, tu n'as besoin que d'une vue perçante et d'un peu de patience. Il est aussi utile d'organiser à l'avance tes excursions : si tu sais où chercher, tu as de bonnes chances de trouver !

CE QU'IL TE FAUT

- 1 sac
- de l'eau
- 1 cuvette
- 1 brosse à récurer
- 1 canif
- de l'eau de javel
- 1 loupe

L'eau de javel est toxique. À utiliser sous la surveillance d'un adulte.

Sur la plage
La plage est l'endroit idéal pour trouver des roches intéressantes.

ATTENTION

Pour être un bon chasseur de roches, tu dois suivre quelques consignes de sécurité. (Voir pages 8 et 9)

1 Marche lentement en regardant le sol et ramasse autant de types de roche que possible : dures, molles, lisses, brillantes, rugueuses, friables, plates, etc. Si tu es avec un ami, amusez-vous à trouver des roches de toutes les couleurs. Range les plus belles dans un sac. Peu importe si elles sont sales, tu pourras les nettoyer chez toi.

Stromatolite

Calcaire coquilli

ENDROITS RICHES EN ROCHES

Il y a deux types d'endroits où l'on trouve des roches intéressantes : les affleurements et les gisements. Le socle rocheux des affleurements (falaises, carrières…) est exposé. Dans les gisements (plages, lits de rivière, champs…), s'amassent de nombreuses petites roches éparses.

◂ **Lit de rivière**
Les pierres les plus résistantes s'accumulent sous forme de gravier au fond des cours d'eau. Avec beaucoup de chance, tu peux y trouver des pierres précieuses.

Obsidienne

CODE DE BONNE CONDUITE

Demande toujours la permission avant d'entrer ou de ramasser des roches dans un domaine privé. Seuls les adultes peuvent se servir d'un marteau de géologue et ce, uniquement dans les zones non préservées. Plutôt que de marteler la roche, intéresse-toi d'abord aux décombres, gravats et éboulis. Si tu ouvres une grille, referme-la. Ne laisse pas de déchets par terre, ne perturbe pas les animaux et n'enlève pas de roches des murs ou des bâtiments.

▲ **Sur le terrain**
Il vaut mieux ramasser des roches éparses plutôt que d'utiliser un marteau. N'escalade pas de dangereuses pentes comme celle-ci.

2 **Nettoie les roches** en rentrant chez toi. Enlève les saletés à l'aide d'une brosse à récurer ou d'un canif. Puis, rince les roches dans de l'eau chaude avec un peu de détergent. Laisse tremper les roches les plus sales toute la nuit. Si tu vois une tâche verte sur une roche, demande à un adulte de la tremper dans de l'eau avec un peu d'eau de javel.

Utilise une brosse à récurer pour enlever la boue et les gravillons de la roche

3 **Laisse sécher les roches**, puis observe-les à la loupe. Tu devrais voir des grains individuels ou des cristaux. Touche-les doucement pour différencier les dures des friables. Les roches que tu as ramassées seront très utiles pour les autres activités. Tu peux aussi t'en servir pour commencer une collection (voir page 14).

Des roches célèbres

Inutile d'aller à la campagne pour voir des roches : un petit tour en ville suffit. Une fois que tu sauras repérer du granite, du grès et du calcaire, tu en verras partout ! Depuis toujours, les hommes ont utilisé les roches pour leurs constructions. En général, ils se contentaient d'utiliser les roches locales, mais parfois ils allaient se ravitailler plus loin. Comme le montrent ces images, la roche raconte souvent une histoire fascinante.

Stonehenge ▲
En Angleterre, les pierres de Stonehenge sont originaires du pays de Galles (la dolérite). À moins que cette roche ait été apportée par les glaciers, elle a sans doute été transportée sur 250 kilomètres par les constructeurs.

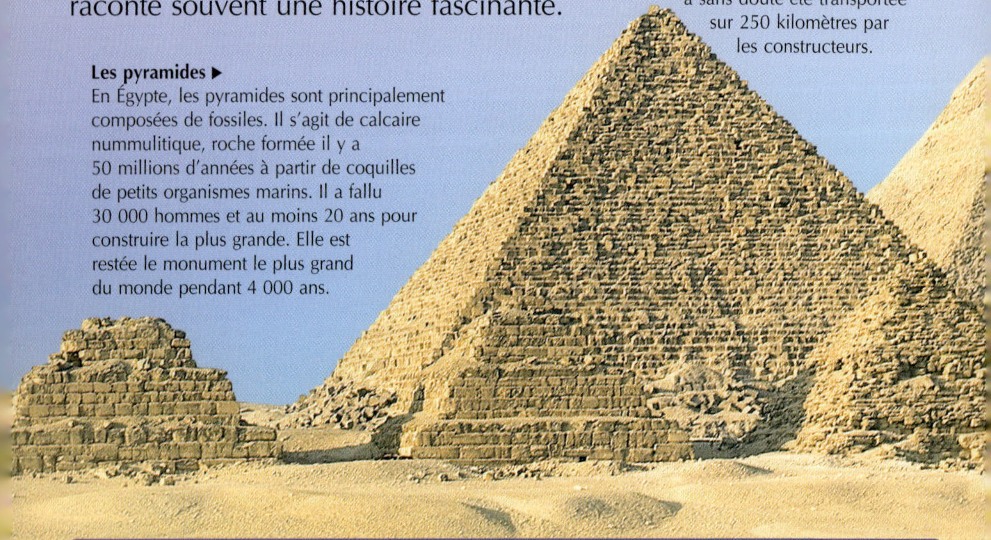

Les pyramides ▶
En Égypte, les pyramides sont principalement composées de fossiles. Il s'agit de calcaire nummulitique, roche formée il y a 50 millions d'années à partir de coquilles de petits organismes marins. Il a fallu 30 000 hommes et au moins 20 ans pour construire la plus grande. Elle est restée le monument le plus grand du monde pendant 4 000 ans.

ROCHE RECYCLÉE

Les matériaux de construction sont des roches recyclées. Les briques sont faites d'argile, déversée dans des moules et cuite. Le ciment et le plâtre sont composés de minéraux, comme la calcite et le gypse, chauffés, pour en extraire l'eau, et réduits en poudre. Quand on ajoute de l'eau, des cristaux se forment et rendent le tout solide. Le béton est un mélange de ciment et de gravier.

Fabrication de briques ▶
Ces villageois indiens fabriquent des briques d'argile. L'argile se forme quand des minéraux de roches (comme le granite) se décomposent et s'effritent. Emportée par les cours d'eau, elle se dépose ensuite sous forme de boue.

Des saphirs et d'autres pierres précieuses sont incrustés dans le marbre

◀ Taj Mahal
C'est un empereur indien qui a fait construire le Taj Mahal comme tombeau pour sa femme préférée. Il a utilisé les matériaux les plus précieux, dont du marbre blanc et 28 types de pierres précieuses.

À l'origine, les pyramides étaient recouvertes d'une couche lisse et lumineuse de calcaire

Empire State Building ▶
Comme beaucoup d'édifices modernes, l'Empire State Building à New York (États-Unis) est constitué de calcaire et de granite. Ces pierres sont attrayantes, faciles à modeler, polies, mais assez résistantes pour supporter de lourdes charges.

Mesa Verde ▲
Les habitations nichées dans les falaises du Colorado (États-Unis) ont été construites dans le grès il y a 13 siècles. Les bâtisseurs devaient tailler la roche en utilisant de simples haches de pierre.

Mosquée de Djenné ▲
Construite au Mali, il s'agit du plus grand monument en terre du monde. Les briques, séchées au soleil, ont été assemblées à l'aide d'un mortier de terre, puis ont été enduites de boue.

Ta première collection

La plupart des amateurs de roches en font la collection. Avec tes plus beaux spécimens, tu peux constituer un assortiment incroyable. Tu peux collectionner à la fois roches, fossiles et minéraux, mais la plupart des gens se spécialisent dans l'un ou l'autre. N'oublie pas d'étiqueter les spécimens que tu ramasses et de conserver les informations que tu as sur eux.

CE QU'IL TE FAUT

- ta collection
- 1 correcteur blanc ou des étiquettes autocollantes et de la colle universelle
- 1 feutre indélébile noir, fin
- 2 boîtes à fiches
- des boîtes en carton (voir sur la page de droite), boîtes d'allumettes ou boîtes à oeufs
- des boules de coton ou des mouchoirs en papier
- 1 loupe

1 Rassemble tes spécimens. Tu peux mettre soit un peu de correcteur blanc (qu'il faudra laisser sécher) soit une étiquette blanche au dos de chaque spécimen. Il se peut que les étiquettes se détachent. Dans ce cas, tu auras besoin de rajouter de la colle. Utilise un stylo indélébile pour écrire le numéro de référence de chaque roche sur le correcteur ou les étiquettes, en commençant par 1.

2 Remplis une fiche pour chaque spécimen, après l'avoir regardé à la loupe, en inscrivant son numéro de référence en haut. En dessous, note le type de la roche ou le nom du minéral ou du fossile. Écris également le lieu d'origine de chaque spécimen et tout autre détail intéressant. Quand tu apprendras de nouvelles informations, tu pourras compléter la fiche. Dans la boîte, range les fiches dans l'ordre.

UNE BOÎTE POUR CHAQUE SPÉCIMEN

Tu peux soit acheter ces boîtes dans un magasin de minéraux, soit les fabriquer toi-même. Dans du carton, découpe un carré ou un rectangle (selon la taille du spécimen), et trace des lignes comme sur le modèle en bas de page. Demande à un adulte de découper les contours. Relève ensuite les rabats et scotche les coins, comme sur le schéma ci-contre.

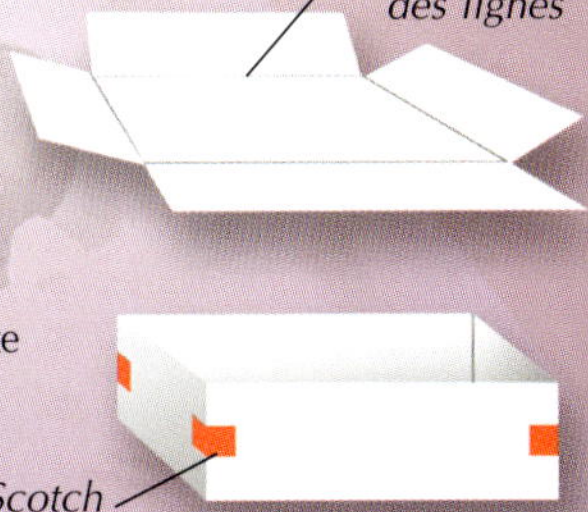

Range tes plus beaux spécimens dans les cases et expose-les dans ta chambre

Modèle de boîte à spécimen

3 **Sur une deuxième fiche,** écris le nom de la roche, du fossile ou du minéral en haut et le numéro en dessous. Range ces fiches dans l'ordre alphabétique dans la deuxième boîte. Tu pourras ainsi retrouver tes spécimens à partir de leur nom ou de leur numéro.

4 **Range chaque spécimen** dans une petite boîte. Place un mouchoir en papier ou une boule de coton en dessous des roches fragiles. Dispose toutes ces cases dans un tiroir ou dans une grande boîte pour les exposer.

Volcan en éruption

Lors d'une éruption, des roches en fusion jaillissent du sol sous forme de lave. Il s'agit parfois d'une explosion qui peut projeter des millions de tonnes de débris dans le ciel ! En fabriquant un volcan, tu comprendras pourquoi les éruptions peuvent être si violentes.

CE QU'IL TE FAUT

- 1 petite bouteille en plastique
- de l'eau
- 1 doseur
- 1 plateau
- du sable
- 1 cuillère à café
- du bicarbonate de soude
- du colorant alimentaire rouge
- du liquide à vaisselle
- 1 entonnoir (si possible)
- du vinaigre

Sable

Bouteille en plastique

1 Remplis d'eau une petite bouteille en plastique, puis sers-toi du doseur pour voir quelle quantité d'eau elle contient. Vide la bouteille et pose-la sur le plateau.

2 Recouvre la bouteille de sable pour reproduire la forme d'un volcan. Surveille bien qu'aucun grain ne tombe dans la bouteille.

3 Dans le doseur, verse de l'eau chaude pour remplir la bouteille aux deux tiers. Toujours dans le doseur, ajoute deux grosses cuillerées à café de bicarbonate de soude, mélange bien, puis, une cuillerée de colorant alimentaire et une autre de liquide à vaisselle.

Pour rendre ton volcan plus réaliste, entoure-le de pierres, d'arbres en plastique ou de figurines.

ATTENTION

Comme cette expérience peut être salissante, demande à un adulte où tu peux t'installer. Privilégie les surfaces planes en extérieur, comme les allées.

4 **Verse le liquide du doseur** dans la bouteille, en utilisant un entonnoir, si tu en as un. Sinon, verse le liquide très doucement.

VOLCANS EXPLOSIFS

Les responsables des éruptions les plus violentes sont, comme dans notre activité, de simples bulles de gaz. Lorsque la roche en fusion se trouve sous terre, les gaz sont dissous par la pression. Mais si la lave atteint la surface, la pression chute soudainement et les gaz forment des bulles qui vont projeter la lave vers le haut, comme une boisson gazeuse secouée !

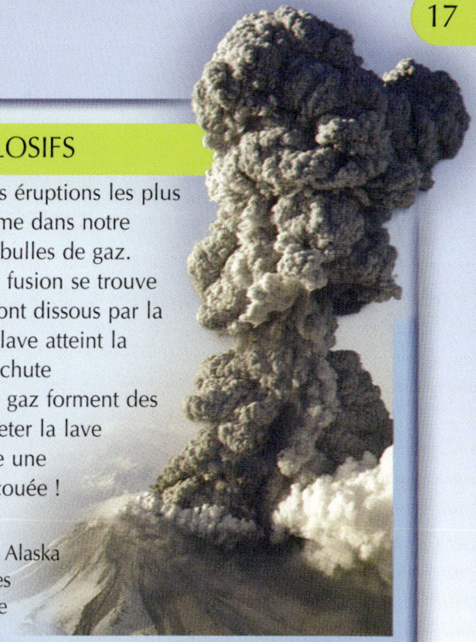

Nuage de cendres ▶
Le mont Augustine en Alaska (États-Unis) projette des tonnes de cendre et de décombres brûlants.

5 **Tiens-toi prêt !** L'éruption va se produire très vite. Verse 10 cl de vinaigre dans la bouteille (sers-toi du doseur pour mesurer la quantité). Recule-toi vite et observe.

ASTUCE

Si le sable ne colle pas assez à la bouteille, mouille-le.

Sur la route de la lave

La lave ressemble à de la mélasse. Quand elle est très chaude, elle devient fine et liquide, mais en se refroidissant, elle devient plus épaisse et gluante. Par conséquent, comme tu vas le voir dans cette activité, la température de la lave et les minéraux qu'elle contient affectent la façon dont le volcan se forme.

ATTENTION

La mélasse est gluante et salissante. Aussi, pose les assiettes sur une surface lavable, comme le plan de travail d'une cuisine, et verse la mélasse avec soin.

Boîte de mélasse sortie du réfrigérateur

La mélasse froide a une consistance visqueuse

1 **Pendant la nuit**, laisse au réfrigérateur une boîte de mélasse fermée. Le lendemain, ouvre-la et verse la mélasse dans une assiette. Observe l'épaisseur de la mélasse et la façon dont elle s'étale. Lorsqu'un liquide est épais et sirupeux comme celui-ci, on dit qu'il est visqueux.

LES TUBES DE LAVE

À Hawaï, on peut marcher sur un courant de lave sans se brûler. Au volcan de Kilauea, des flots de lave très liquide s'écoulent sur des kilomètres. Or, il arrive qu'à la surface d'un courant chaud la lave se refroidisse, se durcisse et forme une croûte. La lave chaude continue de s'écouler sous la croûte et forme un « tube de lave », ce qui lui permet aussi d'aller plus loin. Tout au bout, le tube se durcit et forme un tunnel sur lequel on peut marcher.

Prélèvements de lave ▶
Ici, un scientifique prélève un échantillon de lave dans le volcan Kilauea à Hawaï. C'est l'un des volcans les plus actifs du monde. Depuis 20 ans, il n'a pas cessé de cracher de la lave.

CE QU'IL TE FAUT

- 2 boîtes de mélasse
- 2 assiettes
- 1 bol ou 1 casserole
- de l'eau bouillante

Demande à un adulte de s'occuper de l'eau bouillante.

2 **Demande à un adulte** de faire bouillir de l'eau, de la verser dans un bol résistant à la chaleur, puis d'y placer l'autre boîte de mélasse fermée. Laisser ensuite chauffer une demi-heure.

3 **Ouvre la boîte** et verse la mélasse chaude sur l'assiette. Tu peux voir que la mélasse est beaucoup plus liquide : elle s'étale vite et elle forme une grande flaque plate.

LA FORME DES VOLCANS

La lave froide ou celle qui contient beaucoup de silice est très visqueuse. Elle va former un volcan conique, à pente raide ou un volcan en dôme. La lave peut aussi boucher l'artère centrale d'un volcan, ce qui entraînera une forte pression et donc des éruptions explosives. La lave très chaude qui contient moins de silice est souvent plus liquide. Elle jaillit plus doucement, s'écoule sur de longues distances, et forme une montagne légèrement en pente appelée volcan bouclier.

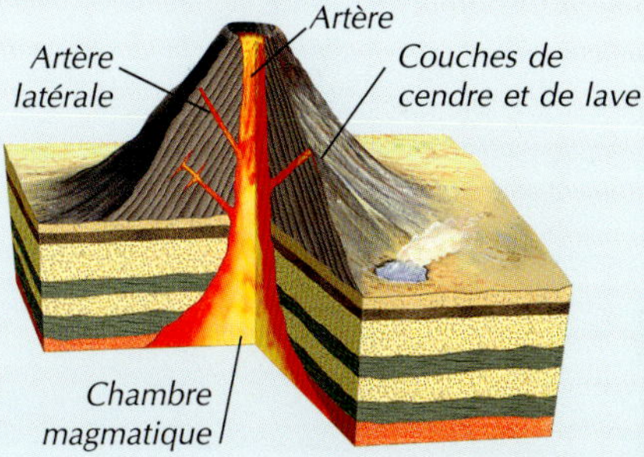

Volcan conique ▲
Il se forme à partir de lave épaisse et visqueuse ou de cendres et de décombres retombés à la suite d'une éruption explosive. Certains sont des volcans « composites », formés par une succession de couches de cendre et de lave.

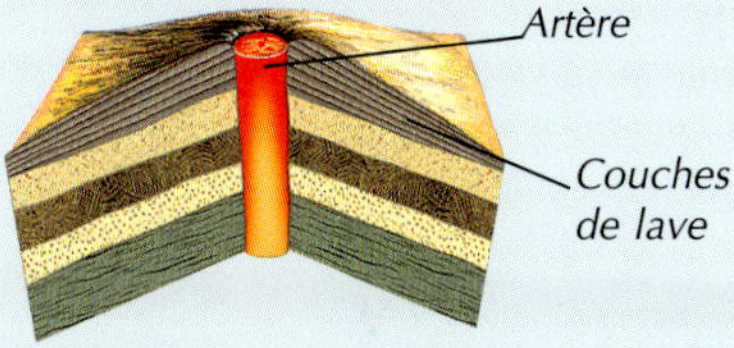

Volcan bouclier ▲
La lave fluide effectue un long parcours avant de se refroidir et de se solidifier. Elle forme un volcan bouclier à pente raide. C'est ainsi que se sont formées les îles Hawaï.

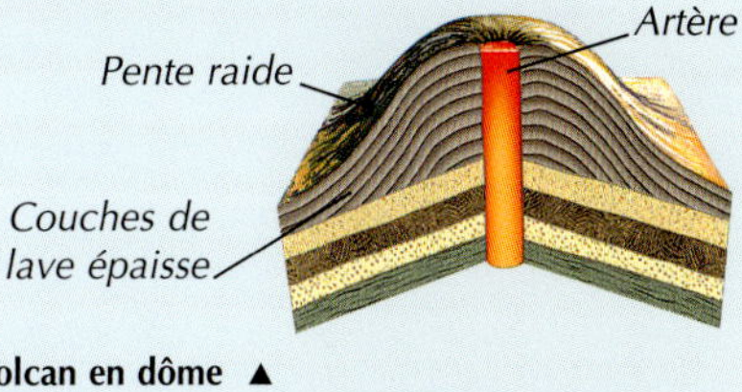

Volcan en dôme ▲
Une lave très visqueuse se refroidit vite et s'écoule difficilement. Elle va s'entasser et former un volcan en dôme. Ils se forment parfois dans le cratère d'anciens volcans qui ont explosé.

Des cristaux multicolores

Les cristaux sont les principaux composants de la roche. Ils apparaissent lors de la solidification des minéraux. Leurs formes sont régulières : facettes plates, souvent brillantes, et côtés aiguisés. En créant tes propres cristaux, à partir d'ingrédients simples, pars à leur découverte !

ASTUCE

Pour fabriquer des améthystes, mélange du colorant rouge avec du colorant bleu.

Les cristaux de sucre peuvent mettre plusieurs semaines à se former

Des cristaux de sel se forment dans le fond du bocal et autour du trombone

1. **Dans le doseur**, verse 3 ou 4 cuillerées à soupe de sucre et 1 tasse d'eau chaude. Remue jusqu'à dissolution totale du sucre. Si tout est dissous en 1 ou 2 minutes, rajoutes-en une cuillerée. Remue encore 2 minutes. Laisse refroidir la solution pendant 5 minutes.

2. **Pendant ce temps, attache un trombone** au bout d'un fil et enroule le fil autour d'un crayon. Pose le crayon sur le bocal afin que le trombone soit suspendu à 1 ou 2 centimètres au-dessus du fond du bocal.

3. **Soulève le crayon.** Remplis le bocal aux trois quarts de solution sucrée. Ajoute 3 à 4 gouttes de colorant. Replace le crayon sur le bocal. Note la couleur du liquide et la substance dissoute (sucre).

4. **Répète l'expérience** dans un deuxième bocal avec du sel et dans un troisième avec de l'epsomite. Verse un colorant différe dans chaque bocal pour les différencier. Note ce que tu observes (couleur et contenu) dans chacun.

COLORANTS CHIMIQUES

Croix sertie de saphirs de différentes couleurs

Ce sont les impuretés chimiques qui colorent les pierres précieuses, tout comme les colorants avec tes cristaux faits maison. Les rubis et les saphirs sont deux variétés de corindon, qui est un minéral transparent. Le rubis doit sa couleur rouge au chrome et les saphirs tirent leurs nombreuses couleurs du fer et du titane.

LES CRISTAUX DE ROCHES

Granite à la loupe

Beaucoup de cristaux de roche sont visibles à l'œil nu. Dans le granite, on peut voir des cristaux mêlés, provenant de trois minéraux : le mica (noir), le quartz (gris) et le feldspath (rose et blanc). Ils sont gros car le granite se forme lentement quand la roche en fusion refroidit sous terre

Les cristaux d'epsomite sont allongés et pointus ; ils se forment très rapidement

CE QU'IL TE FAUT

- 1 cuillère à soupe
- du sucre blanc
- 1 doseur
- de l'eau chaude
- 3 trombones
- du fil
- 3 crayons à papier
- 3 bocaux en verre
- des colorants
- du sel
- de l'epsomite
- des gants et des lunettes de protection

Mets des gants et des lunettes quand tu utilises l'epsomite.

5 **Au bout de 30 minutes**, regarde si des cristaux se sont formés. Ne touche à rien pendant au moins 2 semaines mais observe les bocaux chaque jour. Les cristaux ont-ils des formes différentes ?

LA FORME DES CRISTAUX

La forme des cristaux dépend de l'assemblage de leurs atomes ; c'est elle qui permet de reconnaître le minéral. On classe les cristaux en six grandes catégories, selon leur symétrie.

◄ **Les cristaux cubiques** sont très symétriques. Tu peux les tourner dans tous les sens, ils auront toujours la même forme. Les diamants en font partie.

Pyrite

◄ **Les cristaux monocliniques** sont beaucoup moins symétriques que les cubiques. Ils n'ont que deux facettes semblables.

Sélénite

◄ **Les cristaux tricliniques** sont les moins symétriques. Ils n'ont aucun côté ni angle de même taille et ressemblent à un vague ensemble de facettes plates.

Axinite

◄ **Les cristaux quadratiques** sont généralement rectangulaires, avec des côtés et des angles égaux. Ils ressemblent à des cubes allongés.

Idocrase

◄ **Les cristaux orthorhombiques** sont allongés et possèdent des extrémités coniques, comme un rectangle dont les angles seraient ébréchés.

Baryte

◄ **Les cristaux hexagonaux et trigonaux** ont six facettes. Les rubis, les saphirs, les émeraudes et les flocons de neige appartiennent à cette catégorie.

Béryl

Les pierres précieuses

Parfois des cristaux exceptionnellement beaux et résistants se forment dans la roche ignée ou métamorphique : ce sont les pierres précieuses. Le carbone peut se cristalliser en diamant tandis que le corindon et le béryl peuvent former des rubis, des saphirs ou des émeraudes. La beauté et la rareté des pierres précieuses en font des objets très prisés. Tu as peu de chance d'en trouver lors de tes fouilles, alors pourquoi ne pas essayer d'en fabriquer ?

ATTENTION

Porte des lunettes pour protéger tes yeux des éclaboussures et des gants de protection lorsque tu manipules la solution d'alun. En cas de contact avec la peau, rince immédiatement et abondamment à l'eau froide. Ne mets pas d'alun dans ta bouche.

CE QU'IL TE FAUT

- des lunettes et des gants de protection
- 1 doseur
- 1 balance
- de l'eau chaude
- de l'alun (disponible dans les magasins de jouets dans les kits de création de cristaux ou dans certaines épiceries sous forme de sel)
- 1 mélangeur
- 1 assiette à soupe
- 1 pince à épiler
- du fil
- 1 crayon à papier
- 1 verre
- 1 vieille casserole

Demande à un adulte de t'aider à utiliser l'alun.

LES DIAMANTS

Le diamant est célèbre pour son éclat. Quand il est taillé, c'est le joyau qui renvoie le plus de lumière. Il la décompose en plusieurs couleurs, ce qui lui donne cet aspect flamboyant. Il est aussi le matériau le plus dur que l'on connaisse. Cependant, il est loin d'être indestructible : il peut brûler, tout comme le charbon.

Diamant taillé

Tandis que l'alun se cristallise, le faux joyau se forme

1 **Sur la balance**, fais la tare avec le doseur vide. Enfile les lunettes et les gants. Verse 30 cl d'eau chaude, puis ajoute 100 g d'alun. Retire le doseur de la balance puis mélange la solution (à l'aide du mélangeur) jusqu'à ce que l'alun soit entièrement dissous.

2 **Remplis une tasse** au tiers de solution, puis vide-la dans une assiette à soupe. Laisse reposer dans un endroit chaud. Recouvre le doseur et mets-le de côté. Des cristaux d'alun vont se former au fond de l'assiette. Laisse-les grossir le plus possible (environ 2 ou 3 heures).

3 **À l'aide d'une pince à épiler**, retire avec soin le plus beau cristal. Attache-le à un bout d'un fil enroulé autour d'un crayon.

4 **Des cristaux se sont aussi formés** au fond du doseur. Il va falloir les dissoudre à nouveau : verse la solution dans une casserole, fais chauffer, puis remets-la dans le doseur. Mélange jusqu'à dissolution totale. Laisse refroidir la solution pendant 5 minutes.

5 **Verse une partie de la solution** dans le verre. Plonge le cristal, attaché au crayon. Laisse-le ainsi pendant quelques jours : un « diamant » va se former.

ASTUCE

Ajoute du colorant alimentaire rouge pour faire un rubis et du vert pour faire une émeraude.

Des géodes étincelantes

Dans les lieux riches en roches poreuses, on trouve parfois des pierres en forme de pomme de terre appelées des géodes. Elles sont très prisées par les collectionneurs de minéraux. À l'intérieur, on découvre une cavité tapissée de cristaux. Fabrique une fausse géode dans une moitié de pamplemousse.

CE QU'IL TE FAUT

- 1 pamplemousse ou 1 orange
- du papier d'aluminium
- du plâtre de Paris
- 1 bol
- 1 spatule
- des lunettes et des gants de protection
- de l'alun (disponible dans les kits de formation de cristaux ou dans certaines épiceries sous forme de sel)
- de l'eau chaude
- 1 doseur
- des colorants alimentaires (facultatif)

Demande à un adulte de superviser l'utilisation de l'alun.

1 Coupe un pamplemousse ou une grosse orange en deux et vide-les. Tapisse l'écorce vide de papier d'aluminium.

2 Dans un bol, verse une tasse de plâtre de Paris et mélange en suivant les instructions du paquet. Attends 10 minutes que la pâte s'épaississe. Avec une spatule, étale-la sur l'aluminium en formant une couche épaisse et irrégulière. Avant que la pâte ne durcisse, mets les lunettes et les gants puis saupoudre-la de cristaux d'alun. Laisse le tout durcir 30 minutes.

3 Dans le doseur, verse environ 30 cl d'eau chaude et 100 g d'alun. Remue jusqu'à dissolution totale. Pour créer une géode « améthyste », ajoute une cuillerée à café de colorant rouge et une autre de bleu. Laisse refroidir 5 à 10 minutes. Pose la coque sur un bol et verse la solution. Laisse reposer quelques jours en ajoutant de la solution quand celle-ci s'évapore.

LA FORMATION DES GÉODES

Elles se forment dans la cavité des roches poreuses. Des fluides riches en minéraux dissous s'infiltrent. Le quartz se cristallise sur la paroi interne, et peut grossir jusqu'à remplir la géode. Quand la roche s'érode, il arrive qu'un morceau se brise. Les cristaux durs empêchent le morceau de s'effriter pendant que l'extérieur s'érode et forme une roche sans éclat.

Géode d'améthyste ▸
Cette géode est tapissée de cristaux d'améthyste. Les cristaux, en forme de pyramides, sont translucides.

4 Après quelques jours, vide la coque, enlève la peau et le papier d'aluminium. Tu vas découvrir une belle « géode » !

Tu peux peindre l'extérieur de la coque pour que ta création ressemble davantage à une roche

ATTENTION

N'avale pas de solution d'alun. En cas de contact avec la peau, rince immédiatement à l'eau froide. Porte des lunettes pour protéger tes yeux des éclaboussures et des gants de protection pour manipuler l'alun.

Test de dureté

On peut identifier un minéral rien qu'en regardant s'il est facile à rayer ! Tous les minéraux ont un indice de « dureté » qui va de 1 à 10 sur l'échelle de Mohs. Ceux qui ont un indice élevé peuvent rayer tous ceux qui ont un indice plus faible. Si tu ne possèdes pas de collection de minéraux, essaye le test de dureté en utilisant des objets de ta maison.

IMPORTANT

Demande la permission à un adulte avant de rayer un objet. N'utilise rien qui ait de la valeur comme de la verrerie, des couverts neufs, des décorations ou des bijoux.

L'ÉCHELLE DE MOHS

Le minéralogiste allemand Friedrich Mohs a mis au point l'échelle de dureté en 1812. Elle est fondée sur 10 minéraux et commence par le talc dont l'indice de dureté équivaut à 1. Des objets de la vie quotidienne sont indiqués comme repères.

Échelle	Minéral	Équivalent
1	Talc	Glace = 1,5
2	Gypsum	Ongle = 2,5
3	Calcite	Pièce = 3,5
4	Fluorite	Clou en fer = 4,5
5	Apatite	Lame de canif = 5,5
6	Orthose	Lime en acier = 6,5
7	Quartz	Papier de verre = 7,5
8	Topaze	Lime à ongles = 8,5
9	Corindon	Rubis = 9
10	Diamant	Pas d'équivalent

1 **Place les objets** que tu veux rayer d'un côté et les outils de l'autre. Fais une liste des objets à tester dans un carnet.

2 **Essaie de rayer** chaque objet à tester avec ton ongle, qui possède un indice de dureté de 2,5. Tout ce qu'il peut rayer a une dureté plus faible. Note les résultats.

DES MINÉRAUX DANS LA TROUSSE

La craie et la mine du crayon sont pratiques pour écrire car ils contiennent des minéraux mous qui s'effacent facilement. Étrangement, la craie utilisée à l'école n'est plus fabriquée avec de la craie. La craie des tableaux noirs est composée de gypse, qui a une dureté de 2. La mine du crayon contient du graphite, dont la dureté varie de 1 à 2. (On ajoute de l'argile pour le rendre plus dur.)

CE QU'IL TE FAUT

- des objets à rayer : 1 craie de tableau noir, 1 pièce de bronze ou de cuivre, 1 brique, des vieux couverts, de la vaisselle et du verre
- des outils pour rayer : 1 pièce de cuivre, 1 clou en fer, 1 canif, 1 lime en acier et du papier de verre
- 1 carnet et 1 stylo

Demande à un adulte de t'aider à utiliser le canif, la lime en acier et le papier de verre.

ASTUCE

Commence par de petites rayures et n'appuie pas trop fort.

3 **Maintenant, essaie de rayer** chaque objet à l'aide d'une pièce de cuivre. Laisse-t-elle une marque ou s'est-elle heurtée à quelque chose de plus dur ? La pièce a un indice de dureté de 3,5, ce qui est faible, donc la plupart des objets vont la rayer plutôt que le contraire. Note les résultats.

4 **Recommence le test** avec le clou en fer, qui possède une dureté de 4,5. Le clou raye-t-il facilement la pièce ? Avec l'aide d'un adulte, essaie de rayer les objets avec le canif, la lime en acier puis le papier de verre. Maintenant, tente d'évaluer la dureté de chaque objet testé et écris tes conclusions.

Test de trace

La couleur extérieure d'un minéral peut t'aider à l'identifier, mais elle n'est pas fiable. Le quartz, par exemple, peut être de plusieurs couleurs, mais si on fait un test de trace : on obtient toujours le même résultat. Tu peux vérifier la couleur de la trace de chaque minéral dans un guide. Le test ne s'applique qu'aux minéraux, pas aux roches.

CE QU'IL TE FAUT

- des carreaux de porcelaine, blancs et non vernis
- des minéraux : améthyste, azurite, calcite, chrysocolle, sanguine, pyrite de fer, limonite et quartz

La pyrite de fer est dorée mais laisse une trace noire tirant sur le vert

La chrysocolle peut être verte ou bleue mais laisse une trace blanche

LES COULEURS DU QUARTZ

Le quartz pur n'a pas de couleur, mais des impuretés chimiques peuvent le rendre violet (améthyste), rose, vert, rouge, jaune ou noir. La trace du quartz, elle, est toujours blanche. Il est également dur et transparent, c'est pourquoi ses versions colorées donnent de jolis bijoux.

Quartz fumé

Quartz rose

1 **Frotte le minéral** au dos d'un carreau de porcelaine. Continue jusqu'à ce qu'une couleur apparaisse. Refais le test avec tous les minéraux que tu veux.

2 **Si le minéral** est trop dur pour laisser une trace, demande à un adulte d'en casser un petit bout à l'aide d'un marteau. La couleur de la trace est celle de la poudre du minéral.

ATTENTION

Bien que les minéraux utilisés lors de cette expérience ne soient pas toxiques, il est très important de ne pas les mettre dans ta bouche.

LUMIÈRE ET ÉCLAT

En plus de la couleur et de la trace, les géologues examinent l'éclat du minéral : sa façon de réfléchir ou de transmettre la lumière (brillant ou terne) donne d'importantes informations sur son identité. Certains brillent comme du métal (éclat métallique), d'autres scintillent comme du verre (éclat vitré), d'autres encore ont un éclat nacré, gras, soyeux… Les minéraux peuvent être transparents (on peut voir à travers), translucides (ils laissent passer la lumière) ou opaques (aucune lumière ne passe).

Gras

Métallique

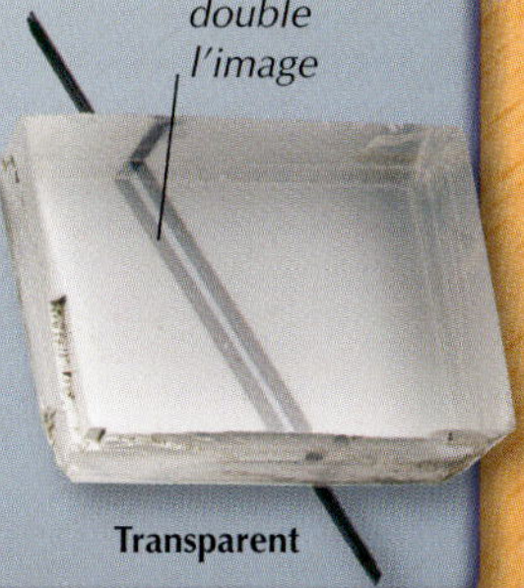

Transparent

Test de l'acide

La calcite est facile à identifier ; c'est le composant principal de la craie et du calcaire. La calcite réagit avec des liquides acides, comme le vinaigre. Si tu mets une roche qui contient de la calcite dans du vinaigre, le mélange pétille et bouillonne. Lors de cette expérience, la réaction entre la calcite et le vinaigre entraîne un changement de couleur.

ATTENTION

Pour cette activité, utilise de la vraie craie, pas une craie de tableau noir qui est en fait composée de gypse.

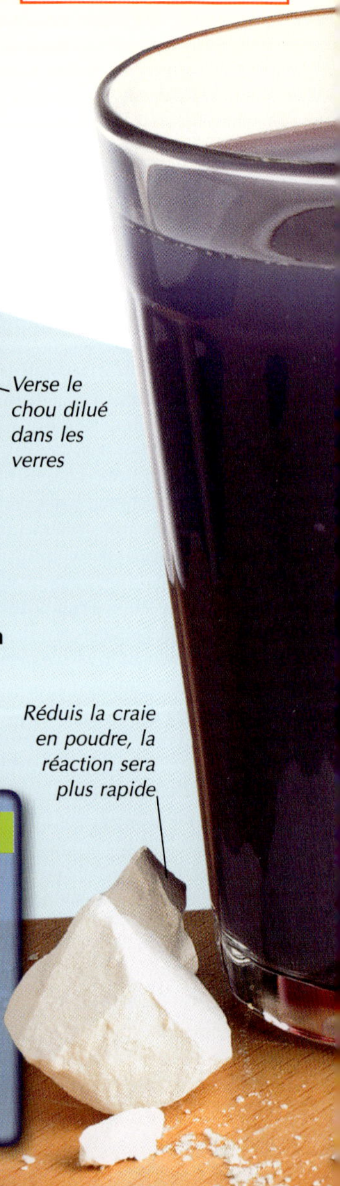

1 Prépare le liquide témoin qui indiquera la teneur en acidité de la solution. Fais bouillir du chou rouge 10 minutes puis verse le jus dans une carafe. Dilue-le jusqu'à ce que la solution soit transparente mais toujours colorée. Verse le jus dilué dans les deux verres.

Verse le chou dilué dans les verres

Seules quelques gouttes de vinaigre blanc suffisent

2 Pour rendre la solution acide, verse un tout petit peu de vinaigre blanc, goutte par goutte, dans chacun des récipients. Dès que le liquide devient rose, n'en ajoute plus.

Réduis la craie en poudre, la réaction sera plus rapide

QUE SONT LES ACIDES ?

Les acides sont des produits chimiques au goût aigre (comme le vinaigre). On peut mesurer le taux d'acidité d'une solution à l'aide d'un colorant « indicateur ». Le chou rouge possède un indicateur naturel violet qui devient rose en présence d'acide. Lorsque tu as ajouté de la craie, il y a eu une réaction entre la calcite et l'acide. L'acide a été « neutralisé », le jus est donc redevenu violet.

Test d'acidité avec du papier indicateur

CE QU'IL TE FAUT

- 1 petit chou rouge, coupé en rondelles
- de l'eau
- 1 casserole
- 1 carafe
- 2 verres propres
- du vinaigre blanc
- 1 morceau de vraie craie
- 1 cuillère à café

Demande à un adulte de t'aider à faire bouillir le chou

La couleur rose indique que le liquide est acide

Le violet ou le bleu indiquent que la craie a « neutralisé » l'acide

3 Verse une cuillerée à café de poudre de craie dans l'un des verres. La calcite présente dans la craie réagit à l'acide et le neutralise : la solution devient violette. Regarde si la même réaction se produit avec d'autres roches (calcaire...).

ÉROSION CHIMIQUE

La pluie est légèrement acide par nature car elle contient un petit peu de dioxyde de carbone, qui forme de l'acide carbonique. Quand la pluie tombe sur de la craie ou du calcaire, l'acide réagit avec la calcite et la dissout peu à peu. Cette érosion chimique peut ronger les collines et creuser d'immenses cavernes souterraines.

Les collines de Guilin en Chine ▶
Ces collines sont les restes d'un vaste bloc de calcaire, rongé par la pluie.

Les peintures minérales

Depuis la nuit des temps, les hommes utilisent des minéraux colorés pour faire de la peinture. Contrairement aux peintures issues de plantes ou d'animaux, les couleurs des peintures minérales résistent au temps. Toutefois, elles sont plus difficiles à obtenir. Les minéraux tendres, comme l'ocre rouge ou la craie sont faciles à réduire en poudre, tandis que les minéraux durs, comme l'azurite et la malachite, sont difficiles à broyer.

CE QU'IL TE FAUT

- 1 masque antipoussière
- des minéraux friables, comme de l'ocre rouge, de la craie ou du charbon
- 1 pilon et 1 mortier
- 1 assiette creuse et 1 bol
- 1 œuf
- 1 mélangeur
- 1 pinceau et du papier

Porte un masque quand tu écrases les minéraux

Recherche parmi les peintures rupestres que tu peux trouver dans les livres ou sur Internet celle que tu aimerais reproduire

1 Réduis un minéral (ici de l'ocre rouge) en poudre, à l'aide d'un pilon et d'un mortier, protégé par ton masque. Plus la poudre est fine, plus la peinture sera liquide.

2 Verse la poudre dans une assiette creuse et ajoute quelques gouttes d'eau. À l'aide du pilon, mélange la poudre et l'eau jusqu'à ce qu'elles forment une pâte liquide.

3 Ajoute un liant à la pâte pour l'empêcher de devenir poussiéreuse en séchant. Le jaune d'œuf fonctionne bien, mais il faut le séparer du blanc : casse un œuf et enlève délicatement le blanc en laissant seulement le jaune dans la coquille. Verse le jaune d'œuf dans un bol.

PIGMENTS ET COLORANTS

Ils sont utilisés pour créer des couleurs vives. On dissout les colorants dans l'eau pour y tremper des matériaux que l'on veut teindre (le tissu...). Les pigments ne sont pas dissous mais réduits en poudre et utilisés pour créer de la peinture. La plupart des pigments et des colorants modernes sont synthétiques.

L'azurite était autrefois une source importante de peinture bleue

ASTUCE

Tu peux utiliser de la colle liquide blanche comme liant à la place du jaune d'œuf.

Si la peinture commence à sécher, trempe ton pinceau dans l'eau

PEINTURES RUPESTRES

Peinture rupestre de cheval Lascaux, France

Les peintures rupestres les plus remarquables se trouvent à Lascaux. Il y a environ 17 000 ans, des hommes préhistoriques ont peint sur les parois de la grotte des animaux sauvages, des symboles mystérieux et des monstres mi-humains, mi-animaux. Les peintures utilisées étaient créées à base d'ocre, d'oxyde de fer et de charbon de bois.

4 **Ajoute un peu de jaune d'œuf** à la pâte (environ un tiers du contenu de l'assiette). Mélange. La peinture est maintenant prête à l'emploi !

ATTENTION

Si tu veux utiliser des minéraux très durs, demande à un adulte de les écraser. N'emploie aucun minéral jaune ou orange, ils risquent d'être toxiques.

5 **Essaie de reproduire** une peinture rupestre. Utilise de l'argile ou de l'ocre rouge pour faire de la peinture rouge, de la craie pour éclaircir les couleurs, et du charbon pour les ombres et les contours.

Ils sont partout !

Les minéraux sont partout. On les utilise pour construire (maisons, voitures, ordinateurs, télévisions...), pour laver les vêtements, pour se brosser les dents et pour faire la cuisine. Même le papier de ce livre contient au moins trois minéraux (talc, argile et mica). Tout ce qui chez toi n'est pas d'origine végétale ou animale est probablement fabriqué à partir de minéraux. Sauras-tu les reconnaître ?

Teste tes connaissances

Parmi ces minéraux, quels sont ceux utilisés pour fabriquer ces objets ? Cache les réponses (p. 35), écris les tiennes puis vérifie tes résultats. C'est un test difficile, tu n'auras peut-être pas beaucoup de bonnes réponses, mais une fois que tu les connaîtras, tu pourras impressionner tes amis !

Bauxite

Chromite

Corindon

Fluorite

Graphite

Illite (argile)

Kaolinite (argile)

Magnétite (minerai de fer)

Mica

Quartz

Halite

Hématite (minerai de fer)

Talc

Wolframite

RÉPONSES

1. Les pointes de stylo à bille sont faites d'un métal solide appelé tungstène, qui vient du wolframite.

2. Les calculatrices contiennent des puces fabriquées à partir de silicium, le deuxième élément le plus présent dans la croûte terrestre. Le silicium provient du quartz et de nombreux autres minéraux.

3. Le vernis à ongle à paillettes contient des particules de mica, un minéral brillant.

4. Le sel est composé de halite.

5. Les pots en terre cuite sont composés d'une argile nommée illite.

6. Les poêles sont en fer ou en aluminium. Le fer vient de l'hématite et de la magnétite, et l'aluminium de la bauxite. Le revêtement d'une poêle antiadhésive est en fluorine chimique, qui vient de la fluorite.

7. Les assiettes sont composées de kaolinite, le minéral principal du kaolin.

8. Le verre est fabriqué à partir du quartz, minéral présent dans le sable. On fait fondre le sable et on le mélange à d'autres ingrédients avant de le modeler.

9. Les couverts sont généralement en acier inoxydable, mélange de deux métaux : le fer et le chrome. Le chrome est là pour empêcher le fer de rouiller. Le fer provient du « minerais de fer » comme l'hématite et la magnétite. Le chrome vient d'un minéral appelé chromite.

10. La poudre de talc est la forme poudreuse du talc, le plus tendre des minéraux connus.

11. La mine de crayon est en graphite. On ajoute de l'argile pour rendre la mine plus solide.

12. Les limes émeri servent à limer les ongles car elles contiennent un minéral très dur, le corindon. Seul le diamant est plus dur que le corindon.

13. Les ampoules contiennent un filament de tungstène, qui vient du wolframite. Le tungstène brille lorsqu'il devient très chaud et fond difficilement.

Roches extraterrestres

Chaque jour, environ 500 tonnes de poussière et de roches venues de l'espace entrent en collision avec la Terre. La plupart de ces débris se consument à leur entrée dans l'atmosphère, créant une traînée de lumière : les étoiles filantes. Toutefois, les micro-météorites (moins de 1 mm) réussissent à traverser. Elles flottent dans le ciel comme de la poussière puis tombent au sol en pluie. Avec un aimant puissant et un peu de chance, tu en trouveras.

CE QU'IL TE FAUT

- 1 aimant
- 1 gobelet en papier
- de la ficelle
- 1 feuille de papier blanc
- 1 loupe
- 1 pince à épiler
- 1 microscope
- 1 lamelle de verre

1 Place un aimant puissant dans un gobelet en papier. Accroche les deux extrémités d'une ficelle aux rebords du gobelet : ton détecteur de micro-météorites est prêt. Par beau temps, emporte-le en promenade et fais-le glisser à la surface de terrains secs (mais qui ne sont pas à l'abri de la pluie), où les personnes et les voitures passent rarement. Une gouttière ou un gazon non piétiné sont des sites parfaits.

2 Quand tu verras de petits gravillons noirs dans le fond du gobelet, retourne chez toi, retire l'aimant, tape doucement le gobelet sur une feuille blanche et propre.

3 À l'aide d'une loupe et d'une pince à épiler, mets de côté ceux qui sont sphériques et plus petits qu'un demi-millimètre. Il s'agit peut-être de micro-météorites, attirées par l'aimant à cause du fer et du nickel qui les composent. Le reste n'est sans doute que de la poussière de fer.

ASTUCE

Ne fais pas entrer en contact l'aimant et les gravillons sinon tu auras du mal à les décoller.

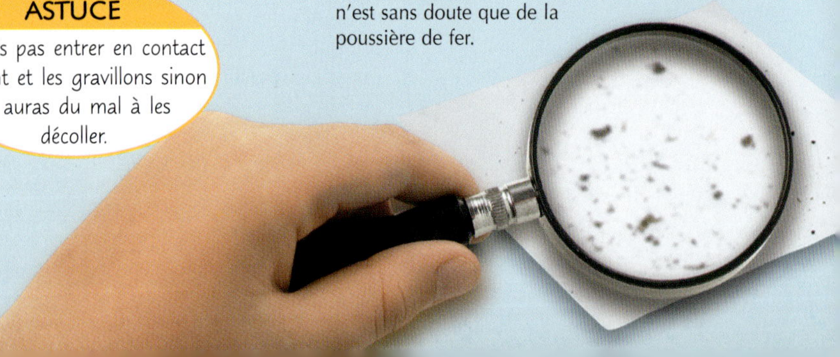

QU'EST-CE QU'UNE MÉTÉORITE ?

L'impact d'une météorite percutant la Terre.

Les roches extraterrestres qui atteignent la surface de la Terre sont appelées « météorites ». La plupart sont des fragments d'astéroïdes (roches qui tournent autour du Soleil). Celles constituées de fer proviennent du noyau des astéroïdes. Chaque année, seulement 500 météorites dépassant la taille d'un ballon entrent en contact avec la Terre.

4 **Si tu as un microscope**, place les meilleurs débris sur une lamelle de verre et observe-les. La surface des micro-météorites est souvent lisse car elle fond à leur entrée dans l'atmosphère. Avec ton microscope, cherche les micro-météorites cachées dans la poussière déposée sur les voitures après la pluie. En plus des micro-météorites, on y trouve du sable de désert et de la cendre volcanique qui ont peut-être parcouru des milliers de kilomètres.

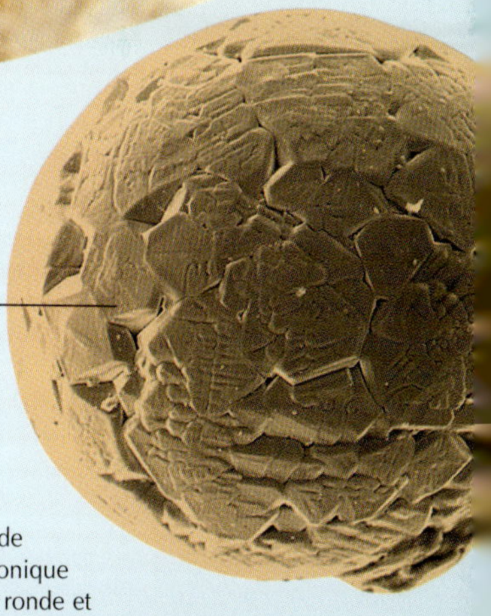

Au microscope ▶
Voilà à quoi ressemble une micro-météorite ferreuse observée à l'aide d'un microscope électronique puissant. Sa surface est ronde et lisse mais on aperçoit les cristaux de métal.

Des pierres luisantes

Certains minéraux éclairés par une lampe ultraviolet (UV) dégagent une lumière colorée extraordinaire : la fluorescence. Certains d'entre eux brillent toujours de la même couleur fluorescente, d'autres varient selon leur pureté. D'autres minéraux enfin continuent de briller même lorsque tu as éteint la lampe UV, irradiant une lumière fantomatique appelée « phosphorescence ».

Belles de nuit ▲
Toutes ces roches se métamorphosent à la lumière d'une lampe UV (voir ci-dessous).

Pierres fluorescentes

Quand tu utilises une lampe UV, suis toujours les instructions du fabriquant et demande à un adulte de t'aider. Pour vérifier la fluorescence d'un minéral, tiens-le sous une lampe UV, dans une pièce sombre. Les minéraux fluorescents sont assez rares mais tu peux en acheter dans des magasins de roches et de minéraux. Avec la lampe UV, repère tous les objets fluorescents qui se trouvent dans ta maison. Le papier et le tissu contiennent souvent des agents fluorescents ; certains feutres marqueurs ou surligneurs aussi. Les dents et les ongles sont, quant à eux, recouverts d'apatite, un minéral fluorescent. La nuit, tu peux aussi partir à la chasse aux araignées et aux scorpions avec ta lampe UV ! En effet, certaines espèces possèdent sous la peau un fluide chimique fluorescent.

a
Calcite

LUMIÈRE NATURELLE

Une autre technique pour faire briller des roches consiste à les frotter l'une contre l'autre. Prends 2 morceaux de quartz blanc laiteux, va dans une salle très sombre, attends 10 minutes que ta vue s'adapte, puis frotte-les l'un contre l'autre énergiquement jusqu'à ce que tu voies une lueur orange. On parle de triboluminescence.

Le frottement produit une lueur orange

ASTUCE

La « lumière noire » ou « lumière disco » sont des lampes UV qui coûtent moins cher.

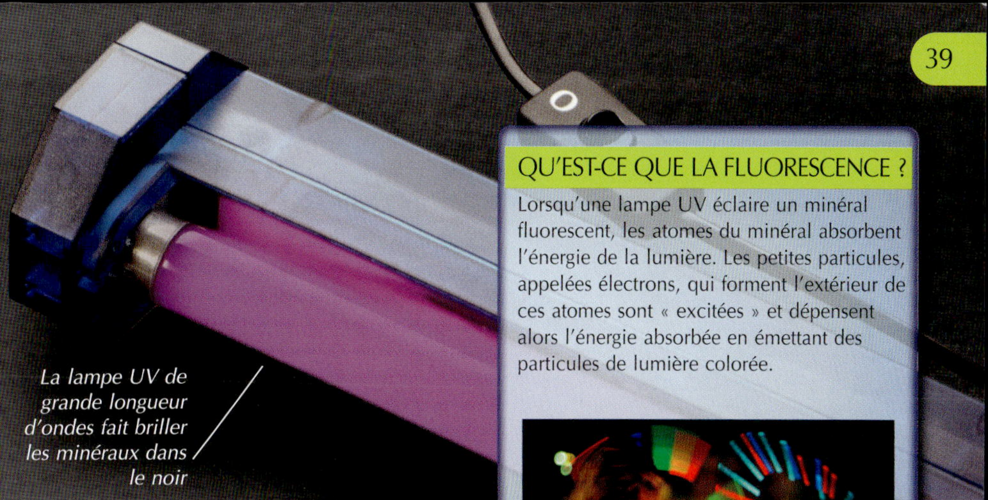

La lampe UV de grande longueur d'ondes fait briller les minéraux dans le noir

QU'EST-CE QUE LA FLUORESCENCE ?

Lorsqu'une lampe UV éclaire un minéral fluorescent, les atomes du minéral absorbent l'énergie de la lumière. Les petites particules, appelées électrons, qui forment l'extérieur de ces atomes sont « excitées » et dépensent alors l'énergie absorbée en émettant des particules de lumière colorée.

Danse nocturne ▲
Les lampes UV de grande longueur d'ondes sont souvent utilisées dans les discothèques.

b
Aragonite bleue

c
Opale

e
Scapolite

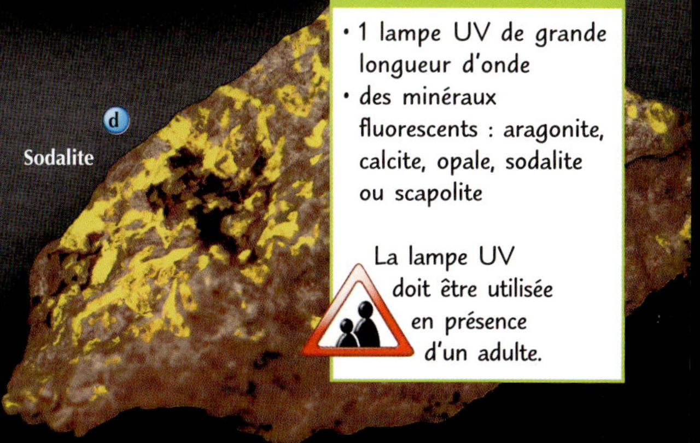

d
Sodalite

CE QU'IL TE FAUT

- 1 lampe UV de grande longueur d'onde
- des minéraux fluorescents : aragonite, calcite, opale, sodalite ou scapolite

La lampe UV doit être utilisée en présence d'un adulte.

Les minéraux de l'eau

Lorsque la pluie s'infiltre dans le sol, elle s'enrichit en minéraux rocheux. C'est de là que proviennent les minéraux contenus dans l'eau minérale, l'eau de mer, de rivière ou du robinet. Bien que repérables au goût, ils sont rarement visibles. Dans cette activité, tu vas pouvoir les observer à l'œil nu.

CE QU'IL TE FAUT

- 4 boîtiers à CD sans saleté ni rayure, ou des petits carrés de plastique transparents (pochettes ou sachets en plastique...)
- 4 sortes d'eau différentes (étape 1)
- 1 cuillère à café

1 **Récupère de l'eau** à partir de différentes sources : eau de pluie, eau du robinet, eau de mer et eau minérale en bouteille.

La vallée de la Mort, ancien lac gigantesque, est recouverte de sels minéraux.

OÙ L'EAU EST-ELLE PARTIE ?

Le désert de sel de la vallée de la Mort, en Californie, s'est formé de la même façon que les taches de minéraux sur les boîtiers de CD. Il y a environ 50 000 ans, la vallée de la Mort était un lac gigantesque de 145 km de long et de 180 m de profondeur. À la fin de la glaciation, entre 12 000 et 10 000 ans avant J.-C., la Californie s'est réchauffée et désertifiée, provoquant l'assèchement total du lac. Aujourd'hui, il ne reste plus que son lit craquelé, recouvert d'une épaisse couche de sels minéraux.

D'OÙ VIENT LE TARTRE ?

Dans l'eau du robinet, le minéral le plus commun est le bicarbonate de calcium, issu du calcaire. On parle alors d'eau plus ou moins « calcaire ». Lorsqu'elle bout, elle se transforme en bicarbonate de calcium, minéral insoluble. C'est ainsi que se forme la majorité du tartre que l'on voit dans les bouilloires.

Une partie de bouilloire entartrée par le calcaire

(2) Nettoie une surface plane (table ou rebord de fenêtre). Lave-toi les mains afin de ne laisser aucune empreinte grasse sur les boîtiers à CD. En les tenant par la tranche, place-les doucement sur une table, en faisant attention de ne pas les rayer.

(3) Verse une cuillère à café d'eau de chaque échantillon au milieu du boîtier correspondant en prenant soin de ne pas déborder.

(4) Laisse l'eau s'évaporer complètement, puis regarde la surface du boîtier à la lumière. S'il y avait des minéraux dans l'eau, tu y observeras des taches blanches et ternes.

Stalactite sur le fil

Les stalactites et stalagmites sont faites de calcite, minéral issu du calcaire. Comme la pluie est légèrement acide, elle dissout la calcite lorsqu'elle s'infiltre dans la terre, creusant ainsi tunnels et grottes. Quand elle s'égoutte, l'eau dépose la calcite sous forme de glaçon. Grâce à l'epsomite, reproduis chez toi ce phénomène en miniature.

ASTUCE

N'utilise pas de fil de nylon ou de polyester car ils absorbent mal le liquide.

1. **Avec tes gants et lunettes de protection,** verse l'eau chaude et l'epsomite dans une carafe. Remue quelques minutes jusqu'à ce qu'il soit dissous.

2. **Verse la solution obtenue** dans les bocaux. Coupe un morceau de ficelle ou de laine. Trempe-le dans un bocal puis essore-le. Attache un trombone à chaque extrémité puis place chacun dans un bocal. Éloigne-les de façon à ce que la ficelle pende au milieu. Place une assiette creuse en dessous.

3. **Au bout d'une heure**, le liquide devrait goutter : la stalactite commence à se former. Si la ficelle est totalement sèche, remplace-la par une autre plus absorbante. Si l'assiette à soupe est déjà remplie de liquide, utilise une ficelle moins absorbante ou retire un peu de liquide à chaque bocal.

4. **Patiente quelques jours** et vérifie quotidiennement la longueur de la stalactite.

COMMENT SE FORMENT LES STALACTITES ?

Ta stalactite en epsomite a pu se former car une partie de l'eau s'est évaporée en gouttant de la ficelle. Cela a provoqué la cristallisation de l'epsomite dissoute. C'est à peu près ce qui arrive dans les grottes de calcaire. Tandis que l'eau goutte du plafond de la grotte, une partie s'évapore. En conséquence, la calcite se cristallise et forme peu à peu une stalactite.

Comment faire la différence ? ▶
La phrase suivante pourrait t'être utile : les stalac**t**ites **t**ombent, les stalag**m**ites **m**ontent.

La stalactite s'allonge vers le bas

La stalagmite s'élève vers le haut

CE QU'IL TE FAUT

- des gants et des lunettes de protection
- 2 tasses d'epsomite
- 2 tasses d'eau chaude
- 1 grande carafe
- 1 mélangeur
- 2 bocaux en verre
- 1 fil absorbant (laine ou coton)
- 2 trombones
- 1 assiette creuse

Utilise des gants et des lunettes lorsque tu manipules l'epsomite.

Changement de décor

En accélérant le temps qui passe, on pourrait voir les roches s'effriter et être emportées par les eaux comme des châteaux de sable. Ces deux mécanismes de destruction sont la météorisation et l'érosion. La météorisation est l'effritement, la décomposition et la dissolution d'une roche. Ses débris sont ensuite emportés par l'eau ou le vent : c'est le phénomène d'érosion. Il s'agit de processus particulièrement lents mais constants, qui ont le pouvoir de refaçonner le paysage.

Les massifs rocheux ▸
Au sud de l'Angleterre, les massifs rocheux granitiques sont lentement rongés par la météorisation. Légèrement acide, la pluie attaque certains minéraux du granite comme le feldspath. Transformé en glaise, il est facilement balayé par les éléments. Le quartz restant se désagrège en grains de sable. D'importants changements de température fragilisent aussi les roches. L'eau peut alors s'y infiltrer, geler et briser la roche de l'intérieur.

Avant l'érosion de ce paysage, le sol était au niveau du haut de la butte

LE TEST DE LA BOÎTE

Certaines roches résistent mieux à la météorisation et à l'érosion que d'autres, ce qui affecte souvent l'aspect du paysage. Pour voir quelles roches sont plus dures, places-en plusieurs (granite, grès, calcaire…) dans une boîte en plastique. Ferme-la, secoue énergiquement pendant 30 secondes puis regarde à l'intérieur.

◂ Pulvérisées !
Le calcaire (roche tendre) s'effrite bien plus aisément que le granite (roche dure). Le calcaire sera peut-être même totalement désagrégé.

▼ Monument Valley

Les « buttes » de Monument Valley, aux États-Unis, sont tout ce qui reste de l'ancien paysage de grès, emporté par l'érosion. La forme de ces collines au sommet plat est due à la présence d'une couche de roche dure recouvrant et protégeant de l'érosion les couches inférieures de roches plus tendres.

LES DIFFÉRENTS TYPES D'ÉROSIONS

Eau, vent et glace contribuent au processus d'érosion, entraînant des milliards de tonnes de débris de roche dans les plaines d'inondation, les deltas ou dans la mer.

Fleuves et rivières ▶
Les débris de roche sont transportés sous forme de sable, de limon et de glaise par les cours d'eau. L'eau granuleuse gagne du terrain à son passage, formant ainsi les vallées.

La mer ▶
Le va-et-vient des vagues érode la côte, sape puis fait s'écrouler les falaises. Les côtes reculent donc peu à peu, laissant derrière elles des tours et des arches rocheuses.

Le vent ▶
Cette érosion se fait dans les déserts où le vent emporte la poussière au loin. Sur son passage, le sable est projeté contre la roche et la sculpte de façon étrange et merveilleuse.

La terre ▶
On appelle glissement de terrain l'éboulement d'un ensemble instable de terre et de gravats érodés. Les séismes et les pluies torrentielles sont souvent à leur origine.

La glace ▶
Tout en se déplaçant, les glaciers emportent avec eux des rochers. En raclant le sol, ils donnent naissance aux vallées.

Gel et dégel

Avec le temps, l'eau peut altérer ou détruire les roches les plus dures. Une de ses agressions se fait par l'action de la glace. À l'état liquide, l'eau s'infiltre dans les pores et les fissures de la roche, puis gèle lorsque la température baisse. L'eau gelée prenant plus de place, elle exerce une pression suffisante pour faire voler la roche en éclats. Découvre par toi-même le processus du gel et du dégel.

CE QU'IL TE FAUT

- 10 roches différentes dont quelques roches sédimentaires (grès, calcaire, argile ou craie)
- 1 boîte en plastique
- 1 carnet
- 1 stylo
- de l'eau

Lorsque la surface des roches se fissure, l'eau peut s'infiltrer

1 **Dépose 10 roches différentes** au fond d'une boîte en plastique. Fais un croquis de leur disposition dans un carnet pour te souvenir de chaque roche. Note leur nom ou, si tu ne les connais pas, une brève description comme « dure, brillante et rose ». Recouvre-les d'eau, ferme le couvercle et place la boîte au congélateur.

2 **Laisse la boîte** au congélateur pendant toute une nuit afin que l'eau soit totalement gelée. Retire-la du congélateur et place-la dans l'évier jusqu'à ce que la glace ait fondu. Enlève alors le couvercle, observe les roches et touche-les. Certaines sont-elles cassées ou ont-elles commencé à s'effriter ?

UNE GLACE HALTÉROPHILE

Remplis un becher d'eau puis couvre-le d'une assiette à soupe. Place un poids (jusqu'à 4 kg) sur l'assiette puis mets le tout au congélateur pendant 24 heures. À la sortie du congélateur, tu verras que la glace a réussi à soulever l'assiette et le poids.

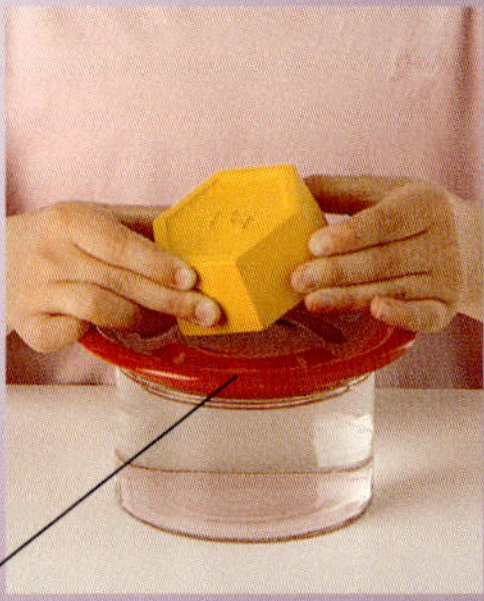

En se formant, la glace soulève l'assiette à soupe et le poids

ASTUCE

Recouvre les roches d'eau bouillante ; ainsi, la glace sera moins trouble.

LA PUISSANCE DESTRUCTRICE DE LA GLACE

Pierrier à Wheeler Peak, au Nevada, États-Unis

Rien ne vaut la montagne pour observer la puissance de la glace. Dans ce milieu froid et humide, l'eau gèle pendant la nuit et dégèle au matin. Ce cycle sans fin grignote lentement la roche qui finit par s'effriter en tas de gravats appelés pierriers. Ces fragments possèdent une plus grande surface de contact, ce qui facilite le processus de météorisation. Au bout d'un certain temps et dans certaines conditions, l'eau et la glace peuvent anéantir une montagne entière !

3 **Referme la boîte** et replace-la au congélateur après avoir ajouté de l'eau, si nécessaire, pour recouvrir les roches. Congèle et décongèle-les au moins 5 fois de plus sur plusieurs jours.

4 **Vide la boîte de son eau** et laisse les roches sécher. Compte-les et compare-les à ton croquis pour voir ce qui a changé. La surface du grès sera molle et friable tandis que la craie sera peut-être en petits morceaux. Les roches sédimentaires seront les plus ramollies et les roches éruptives (granite) n'auront sans doute subi aucune altération. Les roches poreuses, parsemées de petits trous, s'altèrent beaucoup plus vite car l'eau s'y infiltre facilement.

La période glaciaire

Il y a 2 millions d'années, la Terre est entrée dans une période de grand froid appelée période glaciaire. Le Canada et le nord-ouest de l'Europe disparaissaient sous une couche de glace plus vaste que l'Antarctique, mesurant 2,4 km d'épaisseur et s'étendant du pôle Nord jusqu'à la région des Grands Lacs. La glace a fondu il y a environ 14 000 à 10 000 ans, mais elle a marqué les paysages.

En général, les vallées glaciaires sont larges et escarpées, en forme de U

DES RIVIÈRES DE GLACE

Un glacier est une rivière de glace qui se déplace très lentement : quelques centimètres par jour tout au plus. Il se crée en haut de la montagne : la neige accumulée condense les couches inférieures qui se transforment en glace. Il se déplace vers le bas en frottant le sol avec une force prodigieuse et en entraînant des fragments de roche. Les cailloux logés à la base du glacier constituent une surface abrasive qui rend la glace encore plus destructrice.

◄ **Le glacier Hubbard, en Alaska**
On peut encore trouver des glaciers à de nombreux endroits. Ce glacier d'Alaska avec ses falaises de 90 m de hauteur se déplace vers la mer où il se fragmente en icebergs.

La vallée de Yosemite, aux États-Unis

Cette vallée est un endroit rêvé pour repérer les traces de la glaciation. La vallée, large et escarpée, a été creusée dans le granite par un glacier massif. Des petits glaciers latéraux ont sculpté des vallées plus étroites, en forme de U. Au point de rencontre de ces « vallées suspendues » et de la vallée principale, on voit souvent des cascades.

LES MARQUES DE LA GLACIATION

En Europe ou en Amérique du Nord, tu pourras repérer les marques de la glaciation. On trouve la plupart de ces phénomènes dans les paysages vallonnés mais aussi là où il y a encore des glaciers, comme en haute montagne.

◀ **Arête**
Crête escarpée et acérée qui sépare deux vallées adjacentes, formées par deux glaciers. Les randonneurs y jouissent d'une vue à 180°.

Cirque ▶
Cavité circulaire creusée il y a très longtemps à la source d'un glacier par le poids de la glace. Il est souvent rempli d'eau et forme ce qu'on appelle un « petit lac ».

◀ **Bloc erratique**
Fragment rocheux déplacé loin de son emplacement d'origine par les glaciers. Il n'est visible qu'après la fonte des glaces.

◀ **Pyramide**
Pic montagneux en forme de pyramide, créé par plusieurs glaciers qui ont érodé les différents côtés de la même montagne. Ci-contre le Cervin, une des pyramides les plus connues au monde, Suisse.

Des pierres lisses

Un rock tumbler (ou tonneau polisseur) transforme une roche terne en un galet brillant. Ceux des professionnels coûtent cher mais tu peux en trouver de plus petits et de moins chers dans certains magasins de jouets. Ils fonctionnent de la même façon et, en plus, un échantillon de roches est souvent fourni avec. Essaie de polir des roches que tu as trouvées toi-même. Les résultats sont souvent spectaculaires !

CE QU'IL TE FAUT

- des roches rugueuses
- 1 rock tumbler
- de la poudre abrasive (fine, moyenne et à gros grains)
- de la poudre à polir
- de l'eau
- 1 tamis ou 1 passoire
- 1 brosse à ongle

Suis attentivement le guide d'utilisation du rock tumbler quant au nombre et aux types de roches que tu peux utiliser ainsi que pour le temps de polissage.

Avant d'être polies, les roches paraissent ternes et rugueuses

Poudre abrasive à gros grains

NATURELLEMENT POLIS !

La prochaine fois que tu vois une rivière, repère les galets qu'elle contient. Tout comme le rock tumbler, les rivières caillouteuses sont un lieu de frottement continu des roches entre elles. Il faut des milliers d'années à un galet pour être poli naturellement et seuls les minéraux les plus résistants survivent. Aussi, rien de mieux qu'une rivière pour trouver des minéraux durs (quartz ou gemmes).

◀ **Eau vive**
Usées par les eaux tourbillonnantes, les roches deviennent des galets lisses et brillants.

1 **Choisis les roches** que tu veux polir. Vérifie dans le guide d'utilisation qu'elles sont adaptées au rock tumbler.

2 **Nettoie les roches** avec soin et place-les dans le tonneau. Verse la poudre abrasive à gros grains et l'eau, selon les instructions du guide puis allume la machine. Si les roches sont très rugueuses, cette étape peut durer une semaine.

ATTENTION

Rince les roches dans ton jardin car la poudre pourrait boucher ton évier.

ASTUCE

Ce sont les roches aux couleurs ou aux motifs les plus intéressants qui font les plus beaux galets

3 **Arrête la machine** et verse le contenu dans une passoire. Rince les roches à l'eau froide. Nettoie l'intérieur soigneusement avec un linge humide. Mets les roches lavées dans le tonneau, accompagnées de l'abrasif moyen et de l'eau. Laisse agir 4 à 7 jours (ou le temps indiqué dans le guide).

4 **Arrête la machine** et nettoie tout avec soin. Répète l'opération avec l'abrasif fin. Lorsque c'est fini, nettoie les roches et le tonneau encore plus soigneusement qu'avant (utilise une petite brosse) afin qu'aucune roche ne soit abîmée lors du polissage final. Le tonneau doit être irréprochable.

5 **Place les roches** dans la machine avec la poudre à polir et laisse agir selon les instructions du guide

Les forces de la nature

S'il t'est déjà arrivé de voir le trottoir bombé et fracturé autour d'un arbre, tu connais la puissance des racines d'une plante. Elles peuvent briser des roches et, ainsi, accélérer le processus de météorisation. Reproduis ce phénomène en miniature en faisant pousser des plants de fèves dans un verre de plâtre de Paris.

CE QU'IL TE FAUT

- 1 mélangeur (comme un bâtonnet de glace)
- du plâtre de Paris
- 1 gobelet en plastique
- des fèves

1 **Avec le mélangeur**, prépare suffisamment de plâtre de Paris (selon les instructions du paquet) pour remplir un gobelet en plastique aux deux tiers. Verse la mixture dans le verre.

Mélangeur

On voit le plâtre de Paris à travers le gobelet en plastique

MÉTÉORISATION BIOLOGIQUE

Les êtres vivants contribuent à la météorisation de multiples façons. Les bactéries et les algues prospèrent dans les fissures rocheuses humides et le lichen peut pousser à la surface d'une pierre nue. Tous ces organismes rendent la surface humide et acide. L'eau et l'acidité attaquent les minéraux, ce qui affaiblit la roche. Les graines qui germent dans les fissures de la roche se développent en aspirant l'humidité, tout comme la fève dans cette activité. Ce déploiement peut suffire à briser la roche. Les animaux qui creusent des terriers participent aussi à la météorisation. Tandis qu'ils creusent leurs tunnels, ils vont non seulement briser les roches tendres mais aussi enfouir les fragments dans le sol.

◂ **Des racines dans les roches**
Les racines des arbres peuvent se creuser un chemin dans les fissures d'une roche tendre. Lorsque les racines grossissent, elles peuvent finir par briser la roche.

COMMENT SE FORME LA TERRE ?

Lorsque la roche s'effrite, les particules tombent au sol et se mélangent aux matières organiques en décomposition pour former la terre. Ses caractéristiques dépendent des roches qu'elle contient. Une terre riche en argile est collante et conserve bien l'eau mais une terre riche en sable ou en craie est friable et perméable. Le sol accélère la météorisation : l'eau et l'acidité qu'elle emprisonne attaquent les minéraux des roches.

Argile

Craie

2 **Quand le plâtre de Paris** a épaissi mais n'est pas encore dur, placez-y 3 ou 4 fèves de façon à ce qu'un quart de chacune soit visible au-dessus de la surface du plâtre.

3 **Observe les fèves** au moins une semaine. Elles vont commencer à germer et leurs racines vont briser le plâtre. Lorsque les feuilles apparaissent, retire le plâtre du gobelet et regarde de plus près.

ASTUCE

Verse dans le verre une cuillerée à café d'eau chaque jour afin que les pousses ne dessèchent pas.

POUR COMPRENDRE LA FORMATION DU GRÈS, CONSTRUIS DES CHÂTEAUX DE SABLE EN UTILISANT DIFFÉRENTS LIANTS

Châteaux de sable

Le grès est une roche sédimentaire courante provenant de la solidification des couches inférieures du sable : les minéraux se cristallisent entre les grains de sable et les soudent entre eux. Avec un peu de sable, d'eau et de quelques liants, reproduis ce processus chez toi.

CE QU'IL TE FAUT

- 6 gobelets en plastique
- du sable
- 5 sacs en plastique transparents
- 1 cuillère à soupe
- du sel
- de l'eau
- du papier journal
- 1 plateau
- 1 feutre et du papier
- de la poudre de plâtre de Paris
- de la maïzena
- de la terre de jardin
- 1 carafe d'eau

Plâtre de Paris plus sable

Sel plus sable

LE CYCLE DU SABLE

Le sable provient de roches lentement altérées par la pluie, la chaleur… Les minéraux de la roche se transforment pour beaucoup en argile mais le quartz, qui est très solide, résiste sous forme de grains de sable. Les cours d'eau les emportent jusqu'aux mers et lacs où ils se déposent en couches. Très lentement, l'eau qui ruisselle entre eux dépose des minéraux (silice et calcite) qui, en se cristallisant, « cimentent » les grains entre eux. C'est ainsi que le sable engendre une nouvelle roche : le grès.

La roche au cours du temps ▼
Au cours de milliers d'années, les roches se décomposent et s'effritent en particules de plus en plus petites jusqu'à ce qu'il ne reste plus que de minuscules grains de sable.

STRATES DE ROCHE

Les roches sédimentaires se forment à cause des débris au fond des lacs et de la mer ou des dépôts de sable et de poussière sur le sol. Lorsqu'un million d'années plus tard, ces roches refont surface, elles ont pour motif des bandes ou « strates » (la plus récente se situe tout en haut). Grâce aux fossiles retrouvés dans ces strates, les géologues peuvent les dater.

Les falaises vermillon en Arizona, États-Unis, formées à partir de dunes de sable

ATTENTION

Cette activité étant particulièrement salissante, il est préférable de la faire à l'extérieur.

1 Remplis quasi entièrement un gobelet de sable puis vide-le dans un sac en plastique. Ajoute 2-3 cuillerées à soupe de sel. Secoue le sachet. Ajoute 4-5 cuillerées à soupe d'eau. Mélange le contenu en malaxant le sac, jusqu'à ce que le mélange soit humide.

2 Remplis un gobelet du mélange et tasse-le bien. Recouvre un plateau de papier journal et démoule le gobelet pour faire un château de sable. Étiquette-le « sel + sable ».

3 Répète l'opération pour trois autres châteaux de sable mais au lieu d'ajouter du sel, utilise du plâtre de Paris, de la maïzena puis de la terre (sans caillou). Enfin, construis un cinquième château avec seulement du sable et de l'eau.

4 Laisse le plateau en un lieu sec jusqu'à ce que les châteaux aient durci. Touche-les doucement. Le château au plâtre de Paris paraîtra plus solide, tandis que celui en sable et en eau semblera plus fragile.

5 Place le plateau avec soin sur le sol. Avec la carafe, verse doucement la même quantité d'eau sur chaque château. Lequel d'entre eux est le plus vite détruit ? Quel est le plus résistant ? Lorsque tu le sauras, pourquoi ne pas construire une petite sculpture ?

Qu'est-ce qu'un fossile ?

Pour ne pas revenir bredouille, il faut savoir ce que l'on cherche ! Il est rare que l'on trouve, par exemple, des os de dinosaures. En effet, les fossiles les plus courants sont des restes de petites créatures marines. Elles se fossilisent plus facilement car la boue des fonds marins peut les préserver. Souvent, seules les parties dures de leur corps – coquilles, dents et os – sont conservées.

▲ **Brachiopode**
La plupart des fossiles qui ont deux coquilles jointes sont des bivalves ou des brachiopodes. Pour ces derniers, les deux coquilles sont symétriques. Celles d'un bivalve sont en miroir.

◄ **Bélemnite**
Ces fossiles en forme de balles sont les coquilles internes d'animaux appelés bélemnites, très proches des calamars actuels. Comme eux, ils ont de longs corps en forme de torpille, dix tentacules et une poche à encre.

Les ammonites étaient très courantes au temps des dinosaures

◄ **Ammonite**
Ces animaux marins ressemblent aux escargots. Ils étaient en fait des prédateurs très rapides. Leur coquille était divisée en compartiments. Le plus grand, près de l'ouverture, abritait l'animal. Tandis qu'il grandissait, de nouveaux compartiments s'ajoutaient en formant une spirale. Les plus grosses ammonites peuvent atteindre 2 m de diamètre !

▲ Fossile de poisson
Il est rare de trouver un fossile de poisson entier mais ce n'est pas le cas pour leurs dents, surtout celles des requins. Ce poisson fossilisé a vécu il y a environ 50 millions d'années. C'est chez un groupe de poissons primitifs que l'ancêtre de notre colonne vertébrale s'est tout d'abord développé, il y a 500 millions d'années.

Les crinoïdes se servaient de leurs bras emplumés pour piéger les petites créatures marines errant dans l'eau

▲ Crinoïde
Ces « lis de mer » ressemblent à des fleurs mais sont des animaux, apparentés à l'étoile de mer. Ils existent toujours mais sont devenus rares. Ils se cramponnent aux fonds marins à l'aide d'un long pédoncule.

Les corps des trilobites étaient protégés par une véritable armure

◀ Trilobite
Il y a 590-250 millions d'années, ils trottaient au fond de la mer comme les homards aujourd'hui. Leurs fossiles sont très courants car ils muaient pendant leur croissance.

COMMENT SE FORMENT LES FOSSILES ?

La fossilisation nécessite des circonstances particulières. Par conséquent, seule une petite partie des animaux préhistoriques a été fossilisée (dont une toute petite partie a été découverte). Les images suivantes vous montrent comment peut se produire la fossilisation d'un poisson.

Le poisson mort se dépose dans la boue des fonds marins

▲ La mort
Le poisson meurt et coule vers les fonds marins. Les vers et les microbes mangent la chair du poisson tandis qu'il s'enfouit dans la boue.

Une couche de boue limoneuse recouvre le squelette et le protège

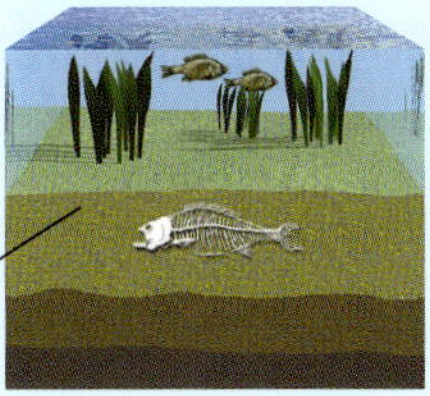

▲ L'enterrement
Limon et sable s'amassent par-dessus le squelette. Dans les profondeurs, l'oxygène se fait rare, aussi le processus de décomposition est ralenti.

De nouvelles couches de sédiments

La boue, compacte, devient de la roche

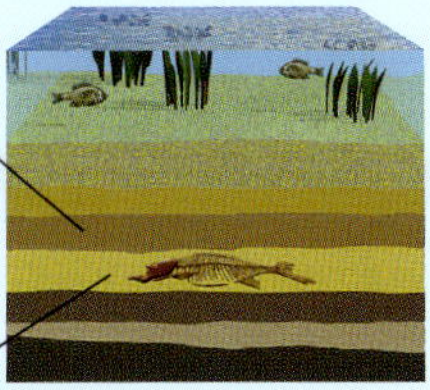

▲ La formation de la roche
Après des milliers d'années, la boue se transforme en roche (schiste, calcaire). Le squelette aussi, après avoir été lentement remplacé par des minéraux.

Le fossile devient visible lorsque la roche s'érode

▲ La découverte
Des millions d'années plus tard, les mouvements de la croûte terrestre font remonter les fonds marins : le fossile peut être trouvé.

À la chasse aux fossiles

La chasse aux fossiles est un passe-temps fantastique. Si tu choisis le bon endroit, tu seras surpris d'en trouver si facilement. Pour cela, informe-toi sur Internet ou dans un musée. Les meilleurs sites se trouvent là où des roches sédimentaires s'érodent rapidement, comme les plages, les falaises et les carrières. Ces sites peuvent être dangereux, alors suis attentivement les recommandations des pages 8 et 9.

Fougères fossilisées
Recherche les roches aux motifs intéressants, comme ce fossile de fougères en grès. Tu peux aussi en trouver dans le calcaire, l'argile et la craie.

ATTENTION

Certains sites sont privés ou protégés. N'y entre pas sans autorisation. Ne ramasse pas et n'emporte pas de fossile sur un site dont tu ne connais pas le statut.

1. **Selon le site choisi**, tu devrais trouver des fossiles en regardant attentivement le sol tandis que tu marches, en effritant des roches tendres ou en grattant la boue. De superbes fossiles sont souvent trouvés au milieu du gravier.

2. **Enveloppe tes fossiles** dans du papier journal et mets-les dans un sac. Note où tu les as trouvés. À la maison, nettoie-les avec une brosse à dent. Avec le canif, retire les saletés tenaces. Plonge ceux trouvés sur la plage dans de l'eau froide pour retirer le sel. Les fossiles cassés peuvent être recollés avec de la colle universelle. Tu peux aussi consolider la surface d'un fossile fragile avec la même colle diluée.

Cette limace de mer a 300 millions d'années

Des guides de terrain peuvent t'aider à identifier les fossiles

CE QU'IL TE FAUT

- du papier journal ou des tissus pour envelopper les fossiles
- 1 carnet et 1 stylo
- 1 sac à dos
- 1 brosse à dent
- 1 canif
- 1 seau d'eau
- des vêtements voyants
- des chaussures de marche

Demande à un adulte de t'accompagner et suis les recommandations de la page 11.

MUSÉES D'HISTOIRE NATURELLE

Visiter un muséum d'histoire naturelle est un bon moyen de connaître les fossiles de ta région. On n'y trouve pas que des squelettes de dinosaures ; il y a aussi des dizaines de petits fossiles comme ceux que tu peux trouver sur une plage ou dans une carrière. Grâce aux reconstitutions du musée, tu verras à quoi ressemblaient ces animaux, leur mode de vie et leur habitat naturel. Des guides t'aideront à identifier tes fossiles et à estimer leur valeur.

Un Tyrannosaurus rex reconstitué à partir d'os fossilisés

3 **Afin d'identifier ton fossile**, regarde dans un guide de terrain ou apporte-le au musée le plus proche. Il est important que tu notes l'endroit où le fossile a été trouvé car cela permet de déduire son âge et son identité, ce qui lui donne plus de valeur.

ÉCHELLE DES TEMPS GÉOLOGIQUES

Les roches sédimentaires se déposent en strates (les plus jeunes au-dessus des plus anciennes). En les étudiant dans le monde entier, les géologues ont identifié une série de strates principales et de fossiles correspondants. Les noms de ces strates correspondent à des périodes majeures de l'histoire de la planète. Le tout forme ce que les scientifiques appellent une coupe géologique.

	Période	Millions d'années avant J.-C.
Glaciation ; émergence de l'humanité	Quaternaire	1.8
Disposition actuelle des continents ; oiseaux et mammifères remplacent les dinosaures	Tertiaire	
Les dinosaures disparaissent à la fin du Crétacé	Crétacé	145
Ère des dinosaures (Crétacé, Jurassique, Trias)	Jurassique	200
	Trias	251
Abondance des reptiles	Permien	299
La terre est recouverte de forêts tropicales marécageuses	Carbonifère	359
Développement des plantes terrestres et des insectes	Dévonien	
Abondance des poissons ; premiers animaux terrestres	Silurien	443
Abondance des brachiopodes et de trilobites	Ordovicien	
Abondance soudaine des animaux à coquille	Cambrien	542
Pendant des milliards d'années, presque tous les êtres vivants sont microscopiques	Précambrien	

Fossiles faits maison

La plupart des fossiles ne sont plus des dépouilles durcies mais de véritables copies minérales. Il leur faut des millions d'années pour se former. Pourtant, en un seul jour, tu peux réaliser ta propre copie en plâtre ! Utilise cette technique pour mouler de vrais fossiles ou pour « fossiliser » tout ce que tu veux…

CE QU'IL TE FAUT

- pâte à modeler
- 1 rouleau à pâtisserie
- de la vaseline
- des objets à fossiliser (coquillage ou vrais fossiles comme l'ammonite)
- du papier cartonné fin
- du plâtre de Paris
- de l'eau
- 1 petit récipient en plastique
- du colorant jaune, de l'encre noire ou du sable

ASTUCE

Laisse ton moule en pâte à modeler durcir pour réaliser un fossile d'« empreinte ».

1 **Malaxe un gros morceau** de pâte à modeler jusqu'à ce qu'il soit malléable puis donne-lui la forme d'un disque épais. Aplatis-le avec un rouleau à pâtisserie puis enduis la surface de vaseline.

2 **Enfonce l'objet** à « fossiliser » dans la pâte à modeler (Si tu utilises un vrai fossile, protège-le avec un film extensible pour éviter qu'il ne soit sali par la vaseline ou la pâte). Retire l'objet en prenant soin de ne pas abîmer le moule. Il est maintenant prêt à l'emploi.

DES FOSSILES IMPRESSIONNANTS

La plupart des fossiles se forment tout comme ceux faits maison : une impression dans l'argile, la boue ou un autre sédiment tendre. Cette empreinte se remplit de différents types de sédiments, se retrouve enterrée, durcit avec le temps puis forme une roche. Les empreintes fossilisées peuvent conserver toute sorte de structures : les traces de pas d'un dinosaure, les feuilles délicates d'un arbre ou les plumes du tout premier oiseau.

Feuilles fossilisées ▶
Cette empreinte fossilisée de prêles s'est formée il y a 300 millions d'années.

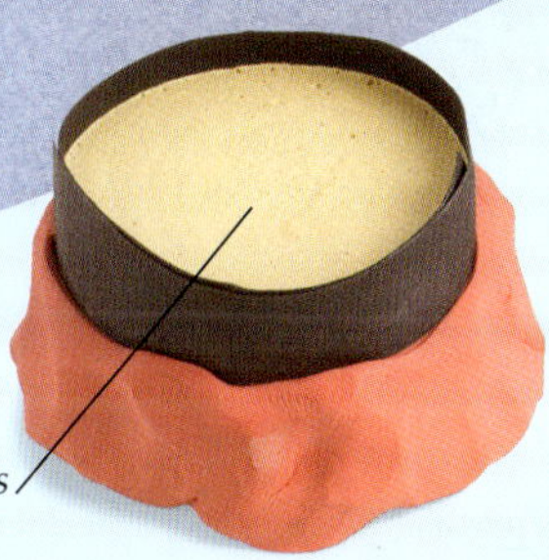

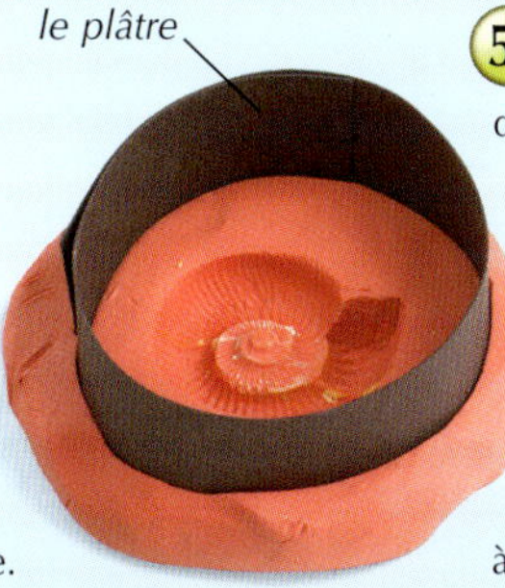

3 **Découpe une bande** de papier cartonné d'environ 5 cm de large et 30 cm de long. Enfonce-la doucement dans la pâte à modeler pour entourer le moule.

4 **Mélange le plâtre de Paris et l'eau**. Ajoute du colorant alimentaire jaune pour que le fossile soit beige ou de l'encre noire pour qu'il soit gris. Pour un aspect sableux, ajoute du sable.

5 **Attend que le plâtre** ait épaissi puis verse-le dans le moule. Laisse reposer un jour puis retire délicatement ton fossile. Peins-le d'une couleur légèrement différente de celle du socle. Abîme un peu les bords du socle pour qu'il ressemble à une vraie roche.

Un os fossilisé

Les os, le bois et d'autres matières organiques sont dits « poreux » : ils sont recouverts de petits trous. Lorsque ces matières poreuses se fossilisent, l'eau s'y infiltre et dépose des cristaux de minéraux. Observe ce processus en « fossilisant » une éponge !

ASTUCE

Si l'éponge n'absorbe pas le liquide, enfile des gants de protection et presse-la légèrement

CE QU'IL TE FAUT

- 1 grosse éponge synthétique
- 1 stylo-feutre
- des ciseaux
- des gants et des lunettes de protection
- de l'epsomite
- 1 doseur
- de l'eau chaude
- 1 mélangeur
- 1 récipient en plastique
- 1 loupe

Porte des gants et des lunettes de protection quand tu manipules l'epsomite.

Contours de l'os dessinés au stylo-feutre

1 Avec un stylo-feutre, dessine les contours d'un os sur l'éponge. Découpe-le avec des ciseaux.

2 Verse une tasse d'eau chaude dans un doseur puis une autre remplie aux 2/3 d'epsomite. Remue jusqu'à dissolution totale. Si tu le souhaites, ajoute quelques gouttes de colorant alimentaire afin de voir la solution imbiber l'éponge en forme d'os.

3 Place l'os dans un récipient en plastique et arrose-le d'epsomite jusqu'à ce que 1/3 de l'éponge soit recouvert. L'éponge devrait commencer à absorber la solution.

L'éponge s'imprègne de solution d'epsomite

DES ARBRES EN PIERRE

Il y a environ 225 millions d'années, l'Arizona était peuplé de conifères géants, de dinosaures et d'autres reptiles. Les restes de l'imposante forêt recouvrent toujours le sol du parc national de la Forêt pétrifiée. Les arbres ont été abattus par un grand déluge et enterrés sous plusieurs couches de vase qui ont ralenti leur décomposition. En plusieurs millénaires, l'eau a « pétrifié » le bois, le remplaçant totalement par des cristaux de quartz.

Parc national de la Forêt pétrifiée

Des cristaux se forment dans les petits trous et à la surface de l'éponge

LES DINOSAURES

Les os fossilisés des dinosaures et de tous les animaux préhistoriques ne sont pas du tout de vrais os. Avec le temps, la plupart ont été totalement remplacés par de la roche. La chair de l'animal mort pourrit en premier, ne laissant que les parties dures (les os, les dents et les griffes). Comme elles sont poreuses, tout comme ton éponge, l'eau peut s'y infiltrer. Au bout du compte, l'eau dissout les os et dépose d'autres minéraux à la place (silice, calcite ou pyrite). Ces minéraux forment une roche, réplique exacte de l'animal d'origine à présent « pétrifié ».

***Eryops*, un amphibien vivant il y a 286 millions d'années**

4 Laisse tremper l'éponge quelques jours. Retourne-la tous les jours. Quand la solution a disparu, prend l'os dans ta main. Il doit te sembler plus lourd et plus dur. Avec une loupe, observe les cristaux.

Le calcaire coquillier

Dans certains calcaires, il n'y a pour ainsi dire que des fossiles, souvent trop petits ou trop cassés pour être reconnaissables. Dans les calcaires coquilliers, on les distingue très bien. Quand on en casse un en deux, on découvre de magnifiques coquillages préservés, cachés depuis des millions d'années. Si tu t'y prends bien, ton faux calcaire coquillier sera très convaincant.

Le plâtre se fige et forme une « matrice »

CE QU'IL TE FAUT

- des coquillages
- du plâtre de Paris
- 1 récipient en plastique
- de la pâte à modeler
- 1 maillet ou 1 marteau
- 1 burin

Demande à un adulte d'utiliser le maillet et le burin pour toi

1 **Ramasse différents** types de coquillages sur une plage. Casse certains en petits morceaux.

2 **Dans la boîte en plastique**, mélange le plâtre et l'eau en suivant les instructions du paquet. Ajoute tes coquillages. (Si tu veux du calcaire beige, ajoute du café noir froid ou du colorant alimentaire jaune. Ajoute aussi du sable pour le rendre granuleux.) Fabrique un moule de forme vague en pâte à modeler et verses-y le mélange.

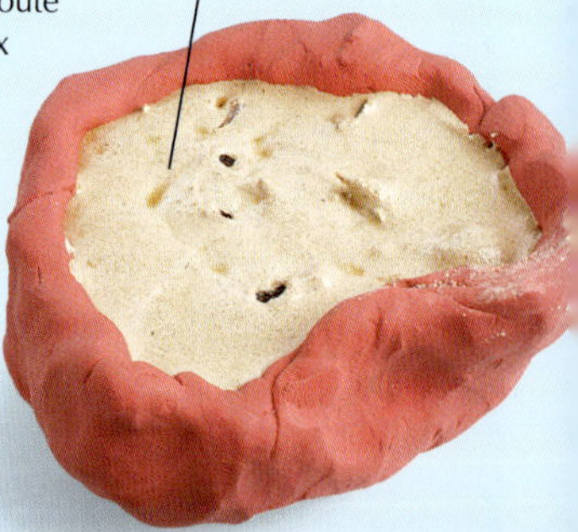

Plâtre et coquillages mélangés

COMMENT SE FORME LA CRAIE ?

La craie est un type de calcaire constitué de fossiles microscopiques. Ils proviennent généralement d'algues marines minuscules appelées coccolithophoridés. Leur coquille est faite de plaques imbriquées (coccolithes). Lorsque ces algues meurent, les plaques se déposent au fond de la mer et forment, au bout de millions d'années d'entassement et de compression, de la craie.

Coquille de coccolithophoridé au microscope

Falaises de craie blanche ▶
La craie des hautes falaises de la côte sud de l'Angleterre est principalement constituée de fossiles de coccolithes, tombés au fond de la mer il y a plus de 65 millions d'années.

LE VRAI CALCAIRE

Escargot d'eau douce

Le calcaire coquillier, formé au fond des mers tropicales, est constitué de coquilles et de dépouilles d'animaux marins, principalement de bivalves et de brachiopodes, mais aussi d'escargots et d'ammonites. D'autres calcaires sont faits de fossiles de corail ou de pédoncule d'animaux très élégants appelés crinoïdes (lis de mer). Aux Bermudes, les gens bâtissent leur maison avec du calcaire coquillier appelé lumachelle. Tu peux y admirer des centaines de fossiles incrustés dans les murs !

Coquilles de brachiopode

Limace de mer

3 Laisse le plâtre durcir toute la nuit. Démoule ton faux calcaire et demande à un adulte de le fendre avec un maillet ou un marteau et un burin. Observe les petits morceaux de coquillage incrustés dans la roche.

En tapant sur le burin, le plâtre devrait se briser facilement

Piège d'ambre

Les fossiles les plus parfaits sont obtenus lorsque l'animal est piégé dans de la résine de pin, la pâte collante sécrétée par les arbres. C'est un enduit hermétique qui peut conserver le corps des animaux. Au bout de milliers d'années, elle se transforme en une substance dure et dorée : l'ambre. Avec de la résine polyester, réalise en une nuit un fossile d'insecte « ambré ».

Insecte piégé dans l'ambre

CE QU'IL TE FAUT

- des insectes morts
- de la pâte à modeler
- 1 galet
- de la vaseline
- des gants de protection
- de la résine polyester (disponible dans les magasins spécialisés)
- du colorant alimentaire jaune ou du curcuma
- 1 pique à cocktail

La résine polyester doit être manipulée avec soin et ne doit pas être avalée. Demande à un adulte de la préparer pour toi.

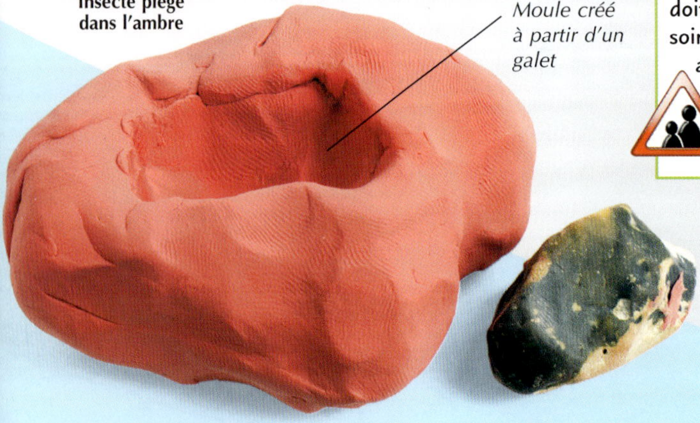

Moule créé à partir d'un galet

1. **Récupère quelques insectes** morts et choisis les moins abîmés. Regarde sur les toiles d'araignée ou sur les rebords intérieurs des fenêtres.

2. **Réalise un moule en pâte à modeler.** Pour cela, enfonce un galet lisse dans la pâte, puis retire-le et élargis le fond du trou avec le doigt. Prends soin de garder la surface interne lisse. Puis, badigeonne l'intérieur du moule de vaseline.

3. **Demande à un adulte** de préparer la résine, après avoir mis des gants de protection, en suivant les instructions du paquet. En général, il s'agit de mélanger la résine avec un catalyseur (agent durcisseur).

4. **Pour colorer la résine**, ajoute une petite goutte de colorant jaune ou une toute petite pincée de curcuma. Le curcuma donnera à « l'ambre » une couleur un peu plus foncée.

ASTUCE

Si l'insecte est fragile, insère-le après avoir rempli le moule à moitié, puis ajoute l'autre moitié.

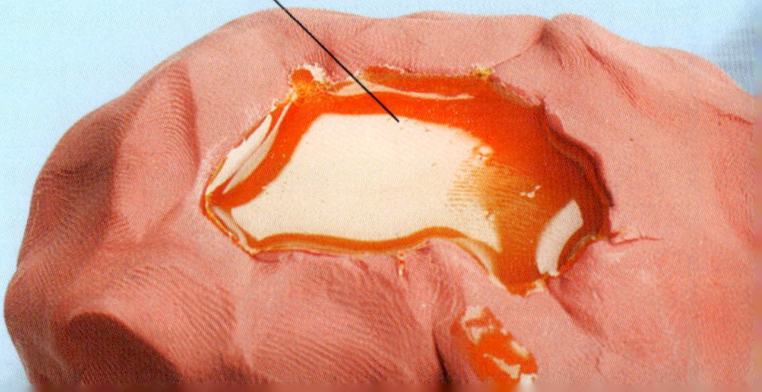

Remplis le moule de résine

LE RETOUR DES DINOSAURES

Dans *Jurassic Park*, un savant ressuscite les dinosaures en extrayant leur ADN d'un moustique piégé dans l'ambre. C'est en fait impossible : l'ADN se désintègre dans le fossile. La conservation des détails, en revanche, est remarquable. Vieux de 100 millions d'années, les insectes semblent être morts la veille ! Leurs antennes et leurs ailes sont intactes. On a même retrouvé de petits lézards et des grenouilles conservés dans l'ambre. Grâce à ces fossiles, on sait que les abeilles, les fourmis, les mouches et toutes les espèces majeures d'insectes étaient déjà là il y a 100 millions d'années.

Œufs de dinosaures (scène tirée de *Jurassic Park*)

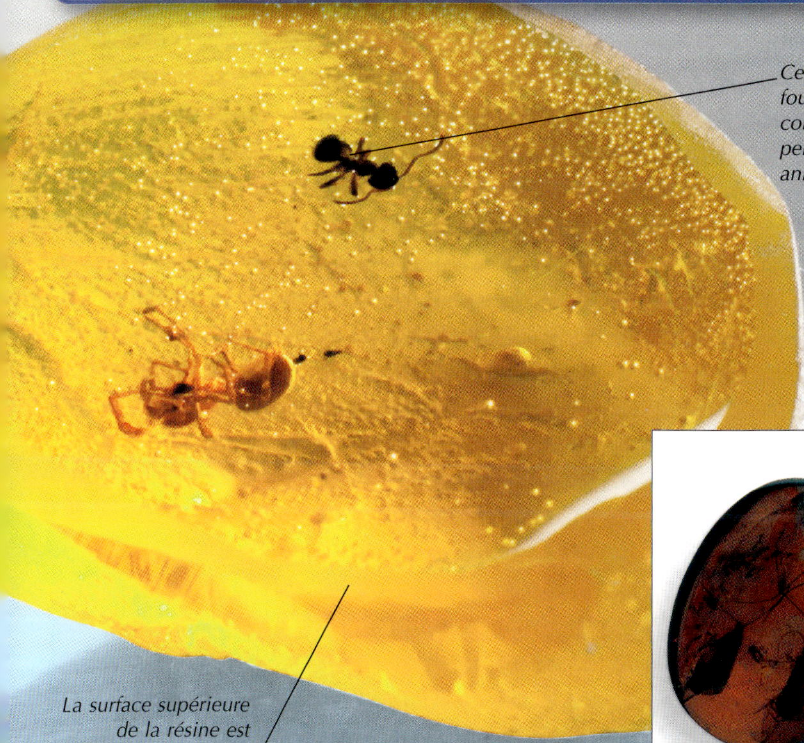

Cette fourmi sera conservée pendant des années

La surface supérieure de la résine est plus claire

5 Verse la résine dans le moule, sans déborder. Pose l'insecte sur la surface et pousse-le délicatement dans la résine à l'aide d'un pique à cocktail.

6 Au bout de 24 heures (ou du temps prévu par le fabricant), retire la pierre d'ambre du moule et nettoie-la à l'eau savonneuse.

Bijoux en ambre

Tu peux faire de ton fossile un collier ou un porte-clé. Demande à un adulte d'y percer un petit trou afin d'y passer une chaîne.

Paléontologue en herbe

Les chasseurs de fossiles professionnels (paléontologues) passent des semaines à fouiller la terre, le sable et la roche. Afin de ne pas abîmer les fossiles, ils grattent la terre tout doucement et la retire couche par couche. Pour mieux comprendre leurs techniques, réalise tes propres fouilles ! Invite un ami à t'aider, ça sera encore plus amusant.

CE QU'IL TE FAUT

- des objets à enterrer (exemples dans l'étape 1)
- de la terre à jardin (riche en argile si possible)
- 1 pelle
- 1 bêche
- 1 seau
- 1 grande tasse
- 1 vieux saladier ou 1 bassine
- 1 truelle ou 1 tournevis
- 1 pinceau
- 1 cure-dent
- 1 pince à épiler

Il sera peut-être nécessaire qu'un adulte t'aide à creuser la terre.

1 Trouve dans ta maison ou dans ton jardin des objets qui feraient de bons fossiles : os, coquillages, graines ou galets. Ajoute aussi des pièces, des billes et des petites figurines en plastique.

2 Remplis un seau de trois ou quatre pelletées de terre. Demande à un adulte de la labourer avec la bêche, puis émiette-la à la main pour qu'elle soit très fine. Retire les pierres ainsi que les morceaux de bois et effrite tous les grumeaux.

3 Transfère six grandes tasses de terre labourée dans un vieux saladier ou une bassine. Ajoute la moitié d'un verre d'eau et mélange avec les doigts. Ajoute autant d'eau que nécessaire afin que la boue soit assez épaisse pour former un bloc solide, sans être liquide.

4 Dispose la boue en une large motte et enterres-y tes « fossiles ». Laisse-la sécher quelques jours.

ASTUCE

Si la terre est très friable ou sableuse, ajoute de la farine et de l'eau pour la rendre plus grasse.

5 Lorsque ton site de fouilles est prêt, échange-le avec celui de ton ami. Déterre avec soin les fossiles à l'aide d'une truelle ou d'un tournevis et dégage doucement la terre avec un pinceau. Si tu trouves un objet délicat, utilise le cure-dent ou la pince à épiler pour le retirer en douceur.

ATTENTION

Vérifie avec un adulte que la grande tasse et le saladier, utilisés pour l'expérience, ne sont pas utilisés pour boire ou manger. Cette activité est salissante, réalise-la à l'extérieur !

RECONSTITUTION D'UN SQUELETTE

Réaliser des fouilles n'est qu'une petite partie du travail d'un paléontologue. Lorsqu'un squelette a été déterré, il doit le reconstituer pièce par pièce comme un puzzle. Les os sont analysés pour y détecter tout signe de maladie ou de blessure. Quant à la roche entourant les os, elle est étudiée pour découvrir le lieu et l'époque de vie de l'animal ou de la personne, ainsi que les causes de sa mort.

Fossile de rhinocéros ▶
Ces paléontologues déterrent un rhinocéros vieux de 10 millions d'années dans le Nebraska, aux États-Unis. Il a été tué par un nuage de cendres volcaniques qui, en durcissant autour de son corps, l'ont conservé.

Glossaire

Alun Sel que l'on utilise parfois pour fixer les teintures. Son nom chimique est sulfate d'aluminium et de potassium.

Arête En montagne, crête étroite formée entre deux vallées glaciaires ou cirques.

Argile Particules minérales dont le diamètre ne dépasse pas 0,002 mm. On en trouve beaucoup dans la terre et les sédiments. Elle se forme lors de la dégradation du granite et d'autres roches.

Basalte Roche volcanique la plus courante qui se forme lorsque la lave se refroidit et durcit.

Bloc erratique Grosse pierre emportée par un glacier et déposée loin de son lieu d'origine.

Calcite Minéral principal du calcaire et de la craie. Son nom chimique est carbonate de calcium.

Cirque glaciaire Creux circulaire entouré de rebords escarpés, creusé par un glacier.

Cristal Forme géométrique d'un minéral ou d'un autre solide. Ses côtés plats sont formés naturellement par l'agencement de ses atomes.

Cycle de la roche Cycle continu au cours duquel les vieilles roches se transforment en nouvelles roches.

Dépôt Sable, boue ou gravier déplacés puis redéposés dans un nouveau lieu.

Désert Région aride où la pluie ne dépasse pas les 250 mm par an.

Dinosaure Membre de la famille préhistorique des reptiles, apparu il y a 200 millions d'années et disparu il y a 65 millions d'années. Aujourd'hui, leurs plus proches cousins sont les oiseaux et les crocodiles.

Échelle de Mohs Échelle utilisée pour mesurer la dureté relative des minéraux.

Éclat Façon dont brille un minéral. Cela dépend de la lumière reflétée sur la surface du minéral.

Écorce terrestre Couche extérieure de la Terre, située au-dessus du manteau. Il y a deux types principaux d'écorce : continentale et océanique.

Effet de serre Processus par lequel la chaleur irradiée du sol est enfermée dans l'atmosphère par des gaz comme le dioxyde de carbone. Cela entraîne un réchauffement de la planète.

Ère Division du temps géologique pendant laquelle se forme un arrangement de roche.

Érosion Action de l'eau, du vent et de la glace sur les terres exposées.

Fossile Reste, trace ou empreinte d'organismes, plantes ou animaux, conservés dans la roche.

Géode Pierre qui contient une cavité tapissée de cristaux.

Glacier Grande masse de glace qui se forme sur la terre et qui glisse très lentement, emportée par son propre poids.

Grain Particule de roche petite et dure, composée d'un cristal individuel. On parle de roches à grains fins et de roches à gros grains.

Lave Roche en fusion propulsée à l'extérieur d'un volcan lors d'une éruption.

Lumière ultraviolette Forme invisible de radiations dont la longueur d'onde est inférieure à celle de la lumière visible.

Magma Roche en fusion enfouie très profondément dans le sol, dans le manteau ou dans l'écorce.

Manteau Couche de la terre située entre le noyau externe et l'écorce. Il est formé de roche solide très chaude et légèrement visqueuse, ce qui lui permet de couler et de circuler très lentement.

Masse microcristalline Voir Matrice.

Matrice Masse de roche dans laquelle sont enfouis les gros cristaux et les fossiles. Synonyme de matrice : masse microcristalline.

Météore Roche qui brûle en entrant dans l'atmosphère terrestre et qui forme une étoile filante.

Météorisation Détérioration des roches par divers processus : dissolution dans l'eau, gel et dégel...

Météorite Roche extraterrestre qui tombe sur Terre sans s'être totalement consumée.

Micro-météorite Météorite microscopique.

Minerai Roche à partir de laquelle on exploite le métal.

Minéral Mélange naturel d'éléments chimiques ayant certaines caractéristiques régulières, comme une structure atomique et une composition chimique. Les minéraux sont les unités élémentaires de structure des roches.

Pierrier Amas de graviers sur le versant d'une montagne, formé par la météorisation.

Plaque Gros fragment de l'écorce terrestre. On parle aussi de plaque tectonique.

Poreux Matière solide qui contient un grand nombre de trous minuscules par lesquels peuvent passer des liquides ou des gaz.

Pyramide Pic de montagne très escarpé formé par l'érosion de plusieurs glaciers.

Recristallisation Dans une roche à l'état solide, formation de grains issus d'un nouveau minéral.

Roche ignée Type de roche qui se forme lorsque le magma ou la lave se refroidit et se durcit. La roche ignée intrusive se forme sous le sol, avec du magma ; la roche ignée extrusive se forme à la surface de la terre, avec de la lave.

Roche métamorphique Type de roche qui se forme quand d'autres roches sont soumises à une chaleur intense et/ou à de la pression, entraînant des réactions chimiques et la recristallisation de leurs minéraux.

Roche sédimentaire Type de roche qui se forme très lentement lorsque des sédiments sont compressés et cimentés. Les sédiments peuvent être composés de débris de roche érodée ou de restes organiques comme les coquilles minérales des organismes marins.

Roche Mélange solide ou agrégat de minéraux. Les roches sont divisées en trois grands groupes : ignées, sédimentaires et métamorphiques.

Sédiment Boue ou sable transportés par les eaux mais déposés au fond de la mer ou dans d'autres environnements calmes.

Silice Minéral dur et composant principal du sable. Elle prend la forme du quartz, son nom chimique est dioxyde de silicium.

Socle rocheux Couche solide de la roche située en dessous de matériaux meubles comme la terre et le sable.

Stalactite Dépôt de calcite sous forme de gouttes d'eau qui perlent du plafond des grottes.

Stalagmite Dépôt de calcite en goutte d'eau qui s'élève du sol des grottes.

Strate Couche de roche sédimentaire.

Tectonique Dérive des continents et distorsion des plaques, dues aux forces provenant de l'écorce terrestre.

Trace Couleur laissée par un minéral poudreux lorsqu'on le frotte à un carreau de porcelaine.

Translucide Matériel à travers lequel la lumière peut passer, mais qui n'est pas assez clair pour que l'on puisse voir à travers.

Transparent Suffisamment clair pour que l'on puisse voir à travers.

Vallée suspendue Vallée latérale située au-dessus de la vallée principale car cette dernière a été davantage érodée, sans doute par un glacier.

Visqueux Épais et sirupeux. Les liquides visqueux coulent moins vite que les liquides fluides.

Volcan Fente ou fissure dans l'écorce terrestre par laquelle s'échappent de la roche en fusion et des gaz chauds. En général, la roche en fusion s'amasse autour de la fente et forme une montagne.

Index

L'auteur tient à remercier :
Richard Tayler pour ses minéraux et ses conseils ; Susan Brown de Rockwatch (www.rockwatch.org.uk) pour ses idées.

Maquettes des expériences Jack Williams

Index Hilary Bird

L'éditeur tient à remercier les personnes suivantes pour avoir aimablement autorisé la reproduction de leurs photographies :
h = haut ; b = bas ; c = centre ; g = gauche ; d = droite
Alamy : /Jon Arnold Images/James Montgomery : 31bd ; Ardea : /Bob Gibbons 45 (érosion par la mer), /Robyn Stewart 45bd, /François Gohier 49cdb,/Kenneth W. Fink 52bg ; Collections : /Peter Wilson 10bg, /Paul Watts 44-45hg,/Simon Warner 49hd, /David Bowie 65hd ; Corbis : /Brenda Tharp 6bg, /Ron Watts 6bc, /Don Mason 7b, /Frank Lane Picture Agency/Derek Hall 9-10h,/Roger Ressmeyer 12hd, /Eye Ubiquitous/Bennett Dean 12bd, /Lindsay Hebberd 13hc, /Patrik Giardino 13d, /Sandro Vannini 13bc, /Tom Bean 13bg, 47hg, 48-49, /D.W. Peterson 18bd, /Bettmann 33hd, /James Pomerantz 39hd, /Bob Krist 40bg, /ChromoSohm Inc, Joseph Sohm 55hg, /James L. Amos 58-59h, /George H. H. Huey 62hd, /Annie Griffiths Belt 69bd ; Images DK : /aimable autorisation de l'Hunterian Museum (University of Glasgow) 10c, / aimable autorisation du Natural History Museum, London 10bd, 20bg, 21l, 29bd, 32b, 34 (bauxite, Illite, Corindon, Magnétite, Fluorite), 55bg, 57hg, 59bdh, 62bd, 65bdh, cd, 67bd,/ aimable autorisation du Royal Museum of Scotland 56-57c, / aimable autorisation du Naturmuseum Senckenburg, Frankfurt 59bc ; Moviestore Collection : 67hd ; NHPA :/Daniel Heuclin 44-45b, /James Warwick 45 (érosion par le vent), /Otto Pfister 45bdh ; Science Photo Library : /Dirk Wiersma 4c, 4-5h, /Bill Bachman 9bd, /Alan Sirulnikoff 11cd, /Lawrence Lawry 22bd, /Andrew Lambert Photography 30bc, /Mike Agliolo 37hd, /Francoise Sauze 41hd. /Bernhard Edmaier 48bg,WG 65hc ; Still Pictures 17hd, 45hd, 49cdh, 50bg, 61cdh, /Josh Schachter 49bd ;
University of Southampton/Joe Kaplonek (jtk@soton.ac.uk) 37bg ;

L'éditeur tient également à remercier les photographes suivants :
Paul Bricknell, Jane Burton, Centaur Studios, Andy Crawford, Mike Dunning, Andreas Einsiedel, Lynton Gardiner, Steve Gorton, Frank Greenaway, Graham High, Glenn L. Huss, Colin Keates, Dinesh Khanna, Dave King, Harry Taylor, Kim Taylor, Peter Wilson.

Pour plus d'informations, aller sur : www.dkimages.com

APPARTEMENTS DE LONDRES ET DE NEW YORK

Direction artistique :
Mireia Casanovas Soley

Coordination éditoriale :
Catherine Collin

Coordination de projet :
Macarena San Martín

Textes :
Macarena San Martín
Sandra Moya

Mise en page :
Claudia Martínez Alonso

Traduction :
David Lenoir

Maquette de couverture :
François Mussard

Projet éditorial :
2007 © LOFT Publications | Via Laietana, 32, 4.°, Of. 92 | 08003 Barcelone, Espagne
www.loftpublications.com

2007 © Éditions Place des Victoires, 6, rue du Mail - 75002 Paris, pour la présente édition

ISBN : 978-2-84459-179-1
Dépôt légal : 4e trimestre 2007

Imprimé en Chine

APPARTEMENTS DE LONDRES ET DE NEW YORK

ÉDITIONS
PLACE DES
VICTOIRES

« Chaque ville diffère de toutes les autres : il n'y en a pas deux semblables. Et une ville a des émotions d'ensemble. »

John Steinbeck, Prix Nobel de littérature

APPARTEMENTS DE LONDRES

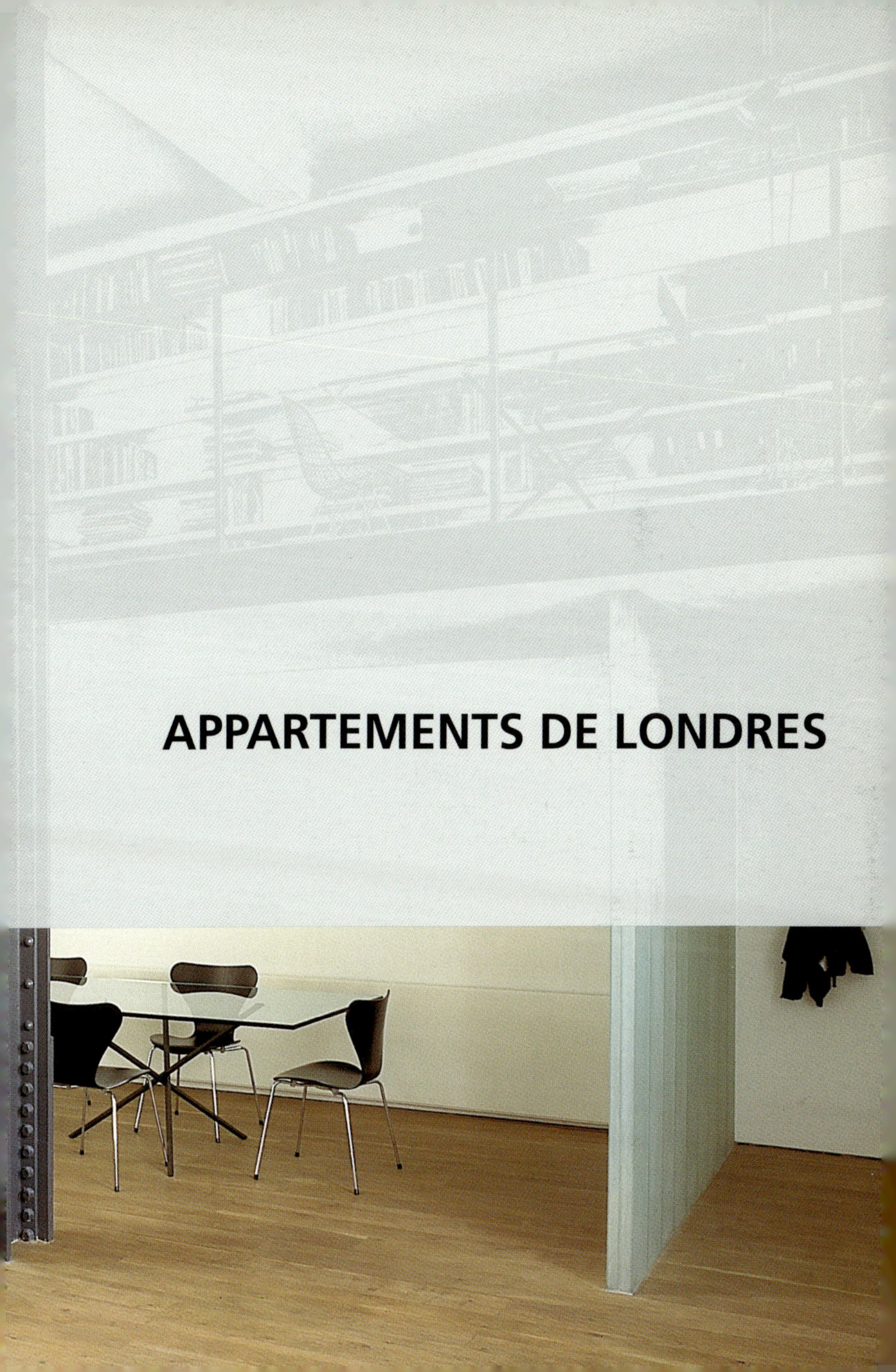

Le principal attrait de cette construction de deux étages est la grande verrière qui domine l'une de ses façades. Grâce à de larges baies vitrées, la maison s'intègre parfaitement dans son merveilleux environnement, tirant le meilleur parti de l'abondante lumière naturelle. Une belle réussite, qui confère une touche particulière à ces pièces dédiées au loisir et à la détente.

MAISON HAMPSTEAD

Architectes : **Orefelt Associates**

Londres

Les murs de couleurs vives, associés à un tapis coloré, créent une ambiance dynamique. Pour optimiser l'espace, des meubles sur mesure, fonctionnels et stylés, ont été installés.

Les propriétaires de cette habitation souhaitaient allier un style rustique à un maximum de confort. Ils y sont parvenus en mariant avec succès plusieurs matériaux : du carrelage au sol, des poutres en bois, des colonnes de soutènement en métal peint, de la brique nue sur certains murs. Couleurs chaudes, tapis et meubles en bois complètent ce dispositif.

WAPPING LOFT

Architectes : **Neil Choudhury Architects**

Londres

Des spots au sol disposés dans le couloir d'entrée indiquent le chemin à suivre pour pénétrer dans l'appartement. Dans les autres pièces, les appliques se trouvent plus classiquement sur les murs, un éclairage mieux adapté aux grands espaces.

En 1870, cet immeuble servait entrepôt. Il fut l'un des premiers à être transformé en logements. Ce duplex dispose d'une grande terrasse en partie couverte qui offre un des plus beaux panoramas sur la ville. Les grandes baies vitrées qui la ferment font entrer un flot de lumière.

ATTIQUE AVEC TERRASSE SUR OLIVER'S WHARF

Architectes : **McDowell + Benedetti**

Londres

Surface : **250 m^2**

Le propriétaire de cet appartement a choisi le bois pour les poutres et le sol, et l'a associé à la brique qui recouvre la plupart des murs. Les deux matériaux sont utilisés dans un fini naturel et un peu rustique. Résultat : une ambiance chaleureuse et accueillante.

Cet appartement s'inspire de la culture japonaise. Sa principale caractéristique est la division en deux espaces clairement délimités. D'un côté, le panneau marque la séparation de deux pièces de petites dimensions, et, de l'autre, un grand paravent en bambou, qui atteint le plafond, abrite une petite réserve.

LOFT SUR HOPTON STREET

Architectes : **Ushida Finlay Partnership**

South Bank, Londres

Voici un projet remarquable, qui propose une ambiance différente sur chacun des trois niveaux. Le grand bloc de béton utilisé pour la construction a été recouvert de panneaux coulissants en verre translucide, qui protègent les occupants des regards indiscrets.

MAISON H

Architectes : **Sauerbruch & Hutton**

Londres

Les trois niveaux se distinguent grâce aux meubles et aux objets de couleurs brillantes. Le grand escalier en acier en spirale, qui domine l'espace, est l'unique lien entre ces trois pièces.

Une ancienne école de style victorien a été rénovée et transformée en loft dans lequel l'espace disponible a été parfaitement exploité. Les pièces communes se trouvent au premier niveau. Au deuxième, un panneau en verre sépare la chambre d'un large espace de travail.

APPARTEMENT D'ARCHITECTES

Architectes : **Voon Wong**

Stannary Street, Londres

La structure intérieure de ce logement a été totalement modifiée en misant sur un design actuel et inattendu. Les dimensions du salon-salle à manger sont telles que cette pièce peut être divisée en deux, grâce à une cloison mobile suspendue au plafond. L'alliance du bois et du mobilier rétro lui donne un charme particulier.

RÉSIDENCE CLARK

Architectes : **Jonathan Clark Architects**

Maida Vale, Londres

Surface : **86 m²**

Les murs blancs créent un joli contraste avec le parquet du sol. Dans la cuisine, les meubles sont aussi en bois, associé à l'acier inoxydable. Le revêtement des murs rompt avec succès la monotonie chromatique de cet espace.

Les propriétaires de cet immeuble du XVIIIe siècle ne voulaient rien perdre de son authenticité lors de sa transformation. Dans le souci de préserver le style d'origine, des lignes droites et simples ont été conservées dans toutes les pièces. Et c'est, bien sûr, une décoration classique et romantique qui a été choisie.

APPARTEMENT SUR HINDE STREET

Architectes : **Elise Ovanessoff & Stephen Quinn**

West End, Londres

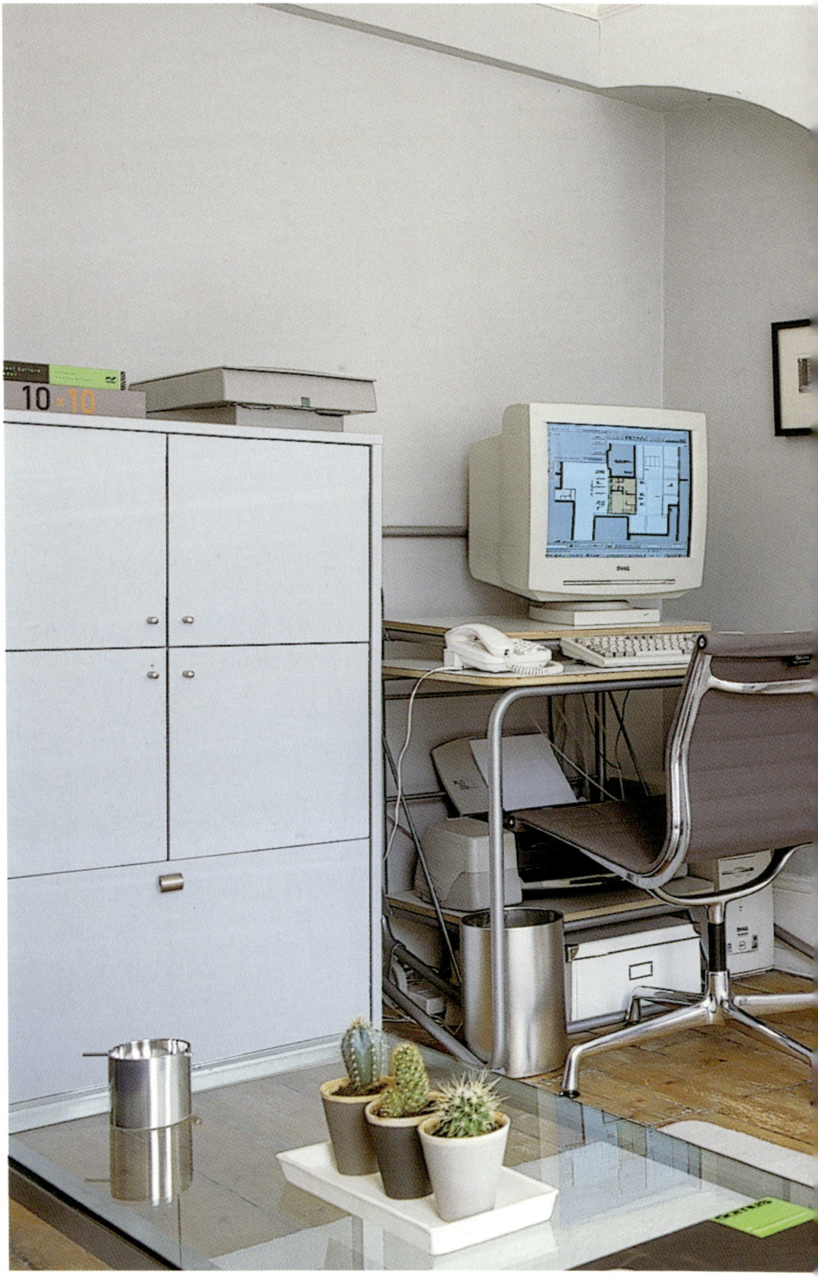
10×10

BOSCH

Pour les murs et le mobilier, on a choisi des couleurs froides, telles que le bleu ciel, le violet et le turquoise. L'ensemble, très lumineux, dégage une impression de netteté.

Le propriétaire a souhaité rénover cet appartement de fond en comble. Rien n'y a résisté, pas même pas les murs. L'espace a été redessiné avec de nouvelles cloisons. Un plafond flottant permet notamment de cacher les éléments de support et les canalisations.

APPARTEMENT À MAIDA VALE

Architectes : **Wells Mackereth Architects**

Londres

Le parquet se combine avec un mobilier design à dominantes blanc, beige et marron. Les éléments décoratifs mettent la touche finale à cette ambiance moderne et accueillante.

Ce duplex doit beaucoup de son charme à la grande clarté qui émane des baies vitrées pratiquées dans le toit de cette ancienne école. La lumière naturelle pénètre ici par une lucarne et se faufile à travers l'escalier pour éclairer le niveau inférieur.

DUPLEX SUR CASSLAND ROAD

Architectes : **Azman Architects**

Cassland Road, Londres

Utilisé au sol, sur les murs et pour la plupart des éléments du mobilier, le bois crée une unité visuelle et se conjugue harmonieusement avec des matériaux comme l'acier ou le verre.

Cette résidence était auparavant le rez-de-chaussée d'un collège. Son propriétaire ne voulait pas casser sa structure et a opté pour le blanc afin d'augmenter la sensation d'espace, de netteté et de luminosité. La décoration minimaliste, ainsi que le mélange de matériaux comme le bois, l'acier et l'aluminium, lui confèrent juste ce qu'il faut de confort et d'élégance.

TRANSFORMATION D'UNE ÉCOLE

Architecte : **Brian Ma Siy Architect**

Battersea, Londres

Ce loft a été aménagé dans un ancien entrepôt, d'où ses vastes dimensions, la grande hauteur sous plafond et l'absence de murs porteurs. Le mobilier a pour fonction de délimiter les différentes zones d'habitation. Un deuxième niveau a été créé pour exploiter au maximum l'espace disponible.

LOFT DEHAVILLAND

Architectes : **McDowell + Benedetti**

Londres

Surface : **232 m²**

A WALK ACROSS ENGLAND
PAULA REGO

Du fait de son emplacement, la cuisine sert également de vestibule. La chambre, qui jouxte la cuisine, conserve son caractère privé grâce à une armoire et à des étagères qui viennent clore l'espace.

Cette résidence dispose d'un seul étage et se caractérise par la grandeur de ses pièces. Le grand salon qui domine la maison attire l'œil spontanément : autour de lui s'articulent les autres pièces. Les blancs et les gris créent ici un jeu de lumières particulier.

APPARTEMENT À GLOUCESTER

Architectes : **Elise Ovanessoff & Stephen Quinn**

Près de Londres

Voici comment un garage abandonné a été transformé en une ravissante annexe pour les invités. Sa structure est restée intacte, mais l'ajout d'une caisse en verre a radicalement changé son apparence. L'utilisation des verrières perme de profiter au maximum de l'environnement.

MAISONNETTE DE VERRE

Architectes : **Simon Conder Associates**

Nord de Londres

Le mobilier aux lignes simples, associant le blanc et le bois, définit le style minimaliste de la maisonnette, élégamment souligné par l'éclairage.

Après avoir été abandonné pendant plusieurs années, cet édifice a été restauré. Il dispose d'une annexe qui hébergeait autrefois un entrepôt sur deux niveaux. Celui-ci était assez sombre car la lumière naturelle franchissait difficilement les murs. Pour gagner en clarté, des couvertures en verre translucide ont été installées sur toutes les galeries entourant la maison.

MAISON LEE

Architecte : **Derek Wylie**

Clerkenwell, Londres

Surface : **250 m²**

Le style avant-gardiste de cet appartement s'exprime par les matériaux choisis et plusieurs éléments du mobilier. Parmi eux, l'escalier en colimaçon, qui combine harmonieusement l'acier et le bois.

Cet immeuble, construit en pleine ville, se dissimule derrière une magnifique végétation. Un peu comme une cabane dans un arbre, la pièce est dominée par le bois, aux formes et couleurs diverses. Une intégration parfaite dans le paysage sans renoncer au confort.

COMME UNE CABANE DANS UN ARBRE

Architectes : Blockarchitecture

Londres

Pour résoudre le problème de place, l'architecte a opté pour le côté pratique du mobilier pliant. Mobilier en bois cela va de soi, renforçant ainsi le concept de la maison dans l'arbre.

De l'espace : c'est l'avantage des lofts et de la multitude de possibilités qu'ils offrent de par leurs larges volumes. Ici, l'étage supérieur a été conçu pour accueillir la chambre et le coin détente, tandis que les autres pièces se trouvent à l'étage inférieur. Le mélange des tonalités claires des murs, du parquet et de l'aluminium des poutres et des rambardes apporte une touche très personnelle à cette pièce.

LOFT À PIMLICO

Architectes : **Foreign Office Architects**

Pimlico, Londres

Surface : **180 m²**

Décoration minimaliste pour la cuisine et la salle de bain. Avec quelques éléments essentiels malgré tout : les spots incandescents et les lampes halogènes créent un éclairage indirect pour une ambiance intime et élégante.

APPARTEMENTS DE NEW YORK

Pas facile a priori de rénover un ancien entrepôt d'un seul niveau et de forme triangulaire de surcroît. Mais ici les plafonds bas, les colonnes et les poutres en bois qui dominent la pièce et divisent les espaces sont autant d'atout pour créer un lieu inattendu. Les verrières et la lucarne procurent une fabuleuse sensation d'espace.

LOFT MONEO

Architectes : **Moneo Brock Studio**

Tribeca, New York

RM SCHINDLER
RM SCHINDLER
LETAROVILLY
LEDOUX
PIERRE CHAREAU
NEW YORK 1930
NEW YORK 1900
OTEIZA
UTAMARO

Nous sommes ici dans un gratte-ciel. L'objectif de ce projet était de capter le plus de lumière naturelle possible pour agrandir visuellement l'espace. Pari réussi grâce à la création de nombreuses fenêtres, au choix d'un sol réfléchissant et à l'omniprésence du blanc sur les murs. Le noir des meubles tranche avec cette clarté et fait toute la personnalité de ce loft.

Ce projet se caractérise par sa grande surface, favorisant la création de plusieurs grandes pièces. La lumière naturelle est un autre élément clé de ce logement, accentuée par le sol réfléchissant et par la clarté des murs.

APPARTEMENT À CENTRAL PARK WEST

Architectes : **Bonetti Kozerski Studio**

Collaborateurs : **Arnold Chan/Isometrix (éclairage) ; I. Grace Company (entrepreneur)**

Central Park West, New York

1. Entrée
2. Salle de yoga
3. Salle de bain
4. Salle à manger
5. Salle de séjour
6. Chambre à coucher
7. Salle de télévision
8. Cuisine
9. Zone de service
10. Vestiaire

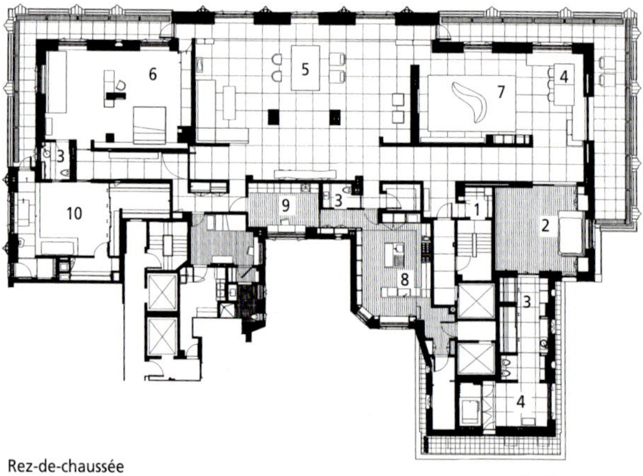

Rez-de-chaussée

Cet immeuble réhabilité se dresse sur douze étages et ses appartements offrent une vue panoramique sur la ville. Si les anciennes poutres sont un élément essentiel du décor, le sol, de type industriel, refait, poli et peint en rouge sombre, attire immanquablement l'œil.

RÉSIDENCE D'ARCHITECTE

Architectes : H3 Hardy Collaboration Architecture

New York

La couleur est un élément clé dans cette résidence. Les éléments utilisés dans les différentes pièces sont de styles divers et mêlent indistinctement les imprimés, les formes et les matériaux.

Ce logement s'organise autour d'un axe central où sont rassemblés la cuisine, l'atelier et la salle de bain. Autour sont disposés successivement la salle à manger, le salon et les chambres. La froideur de la brique nue des murs et des colonnes est compensée par une palette de couleurs chaudes et une décoration simple, qui évite toute surcharge.

RÉSIDENCE PEKARSKY

Architectes : **Choslade Architecture**

New York

Surface : **130 m²**

GASIOROWSKI
GASIOROWSKI
GASIOROWSKI

Cet ancien espace industriel a été réhabilité et transformé en un logement et un bureau destiné au propriétaire. Les deux lieux, séparés par des portes coulissantes translucides, ont conservé le sol en béton original, couvert d'un vernis plastique qui cache les imperfections.

LOFT WEINSTEIN

Architectes : **Messana O´Rorke Architects**

Collaborateurs : **James Lee Construction (constructeur)**

New York

Surface : **520 m²**

Les grandes colonnes qui servent de soutènement au plafond dominent la pièce et en font tout le charme. Dans cette vaste salle, de larges baies vitrées laissent généreusement entrer la lumière du jour et suppriment la moindre zone obscure.

LOFT SUR HUDSON STREET

Architectes : **Moneo Brock Studio**

Tribeca, New York

Dans les espaces communs, on a opté pour un mélange moderne de blanc et de noir. Seule la couleur de certains éléments décoratifs vient rompre cet équilibre, comme cette peinture abstraite dans les tons rouges.

Ce loft a gardé sa structure initiale. Son aspect industriel a été conservé grâce aux murs en briques et aux poutres en bois qui soutiennent le plafond. La cuisine, délimitée par un tapis, s'ouvre sur le reste de la maison. Une seule cloison a été dressée pour séparer la salle de bain de la chambre, qui conserve ainsi son intimité.

LOFT INDUSTRIEL

Architecte : **Alexander Jiménez**

New York

SONY

Pour rénover ce logement, on a supprimé certaines cloisons afin de gagner de l'espace. La salle à manger est devenue l'axe central de la maison. Elle est dominée par une grande verrière qui laisse passer la lumière naturelle. Le gris clair de la moquette, l'omniprésence des murs blancs et l'éclairage renforcent cette sensation d'espace.

RÉSIDENCE EASTSIDE

Architectes : **Ronnette Riley Architect**

Collaborateurs : **Jota Construction (constructeur) ; Gilsanz Murria Steifack (ingénieur)**

Manhattan, New York

1. Entrée
2. Salle à manger
3. Cuisine
4. Salle de séjour
5. Chambre à coucher
6. Salle de bain
7. Dressing et chambre d'invités

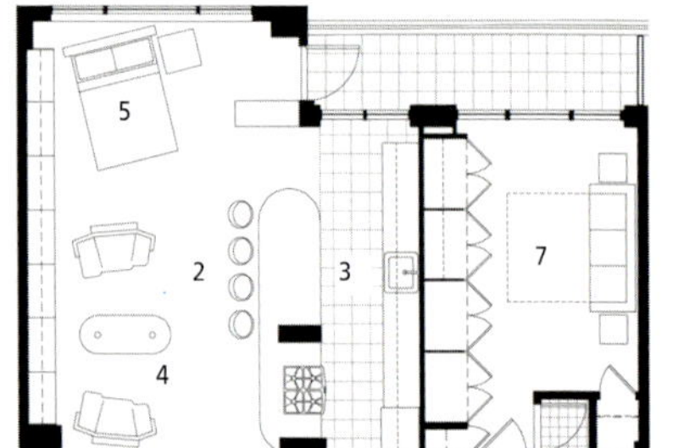

Rez-de-chaussée

Cette résidence se dresse sur deux niveaux : à l'étage inférieur, se trouvent les pièces privées ; au-dessus, le propriétaire, un collectionneur d'art, a créé une salle d'expositions. La forme triangulaire du plafond, les panneaux mobiles en tôle, les baies vitrées et une palette monochrome de peintures de couleur confèrent à ce lieu une atmosphère de légèreté et invitent au repos.

LOFT GREENBERG

Architectes : **Smith-Miller + Hawkinson Architects**

Manhattan, New York

JULY

La principale caractéristique de cette réalisation est la distribution modulable des pièces, grâce à des panneaux de bois qui transforment l'espace au gré des besoins. L'axe principal est composé par la cuisine, la salle de bain et la buanderie. Les portes coulissantes forment une ou plusieurs pièces selon l'envie du moment.

LOFT LEVY

Architectes : **Ali Tayar**

Manhattan, New York

Les espaces ouverts de ce loft sont caractérisés par l'utilisation du bois et des tons clairs pour les murs. Les meubles sont plutôt classiques. L'ensemble crée une ambiance chaleureuse et familiale.

THE ILLUSTRATORS OF
KAY

Ce duplex sophistiqué de type loft est un ancien immeuble commercial savamment rénové. Des panneaux mobiles en verre délimitent les pièces, ce qui permet de moduler les espaces. Le mobilier, dans des tons terre, joue sur la juxtaposition des surfaces et des textures.

LOFT DOWNTOWN

Architectes : **Pasanella + Klein Stolzman + Berg**

Madison Square, New York

1. Entrée
2. Hall
3. Escaliers
4. Chambre à coucher
5. Salle de séjour

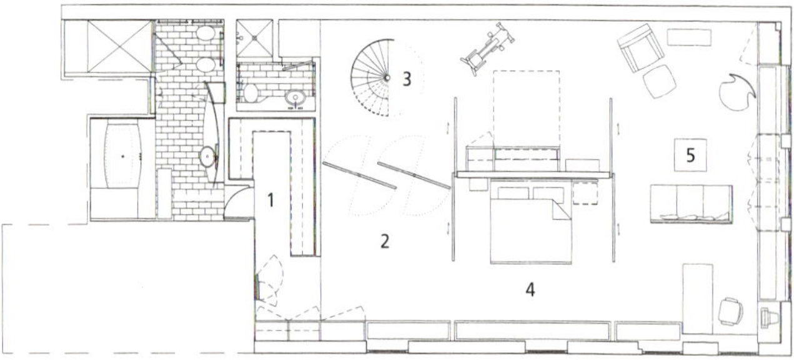

Rez-de-chaussée

Ce logement occupe le rez-de-chaussée d'un immeuble et se caractérise par sa forme en L. Dans l'aile la plus large, se situent les pièces communes, dominées par de larges baies vitrées. Dans l'aile la plus étroite, se trouvent les chambres et un petit atelier. Les deux zones sont reliées par un couloir délimitant les espaces.

APPARTEMENT O´NEILL

Architectes : **EFM Design**

Collaborateurs : **Ira Frazin (supervision du projet) ; Andrew Ferguson-Chartwell Builders (entrepreneur)**

New York

1. Entrée
2. Cuisine
3. Chambre à coucher
4. Salle de bain
5. Salle à manger
6. Studio
7. Salle de séjour
8. Dressing

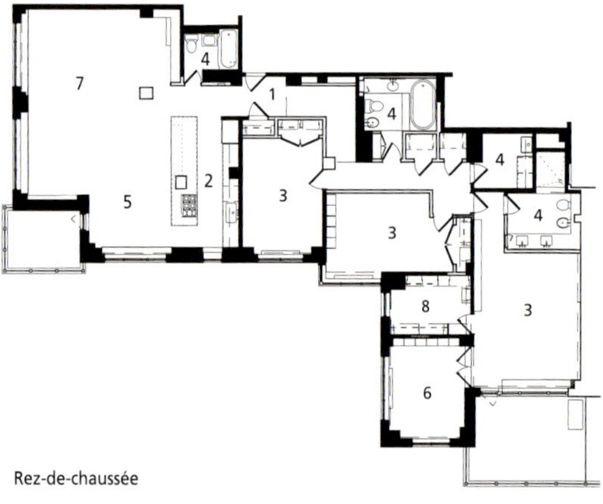

Rez-de-chaussée

Trois appartements d'une pièce chacun ont été réunis ici pour créer un seul logement. Un escalier en bois et en acier en encorbellement mène à l'étage supérieur, dominé par une lucarne, de forme cylindrique, qui illumine l'atelier. L'étage inférieur est divisé en deux espaces délimités par une cloison en acier et en verre.

GARÇONNIÈRE

Architectes : **Edward I. Mills + Associates**

Greenwich Village, New York

Cet appartement a un style qui n'est pas sans rappeler l'entrepôt qu'il était à l'origine. Il a conservé des éléments décoratifs qui évoquent les pièces de l'ancien magasin. L'aluminium domine, tout comme l'acier dont la froideur est compensée par le parquet et les murs blancs.

APPARTEMENT POUR UN COLLECTIONNEUR D'ART

Architectes : **Pasanella + Klein Stolzman + Berg**

Upper West Side, New York

RÉPERTOIRE

p. 14 **Orefelt Associates**
Adresse : 4 Haydens Place
Londres W11 1LY, Royaume-Uni
Tél. : +44 20 7243 3181
Photos : © Jordi Miralles

p. 22 **Neil Choudhury Architects**
Adresse : 132 Southwark Street
Londres SE1 0SW, Royaume-Uni
Tél. : +44 20 7633 9933 Fax : +44 20 7633 9133
www.neilchoudhuryarchitects.co.uk
Photos : © Jordi Miralles

p. 30 **McDowell + Benedetti**
Adresse : 68 Rosebery Avenue
Londres EC1R 4RR, Royaume-Uni
Tél. : +44 20 7278 8810 Fax : +44 20 7278 8844
www.mcdowellbenedetti.com
Photos : © Tim Soar

p. 40 **Ushida Finlay Partnership**
Photos : © Ushida Finlay

p. 46 **Sauerbruch & Hutton**
Adresse : Lehrter Strasse 57
10557 Berlin, Allemagne
Tél. : +49 30 3978 21-0 Fax : +49 30 3978 2130
www.sauerbruchhutton.com
Photos : © Hélène Binet

p. 54 **Voon Wong**
Adresse : Burbage House, 83 Curtain Road
Londres EC2A 3BS, Royaume-Uni
Tél. : +44 20 7033 8763
www.voon-benson.com
Photos : © Henry Wilson

p. 64 **Jonathan Clark Architects**
Adresse : 2nd Floor, 34-35 Great Sutton Street,
Londres EC1V 0DX, Royaume-Uni
Tél. : +44 20 7608 1111 Fax : +44 20 7490 8530
www.jonathanclarkarchitects.co.uk
Photos : © Jan Baldwin/Narratives

p. 72 **Elise Ovanessoff & Stephen Quinn**
Tél. : +44 20 7935 9374
Photos : © Jordi Miralles

p. 80 **Wells Mackereth Architects**
Adresse : 5e Shepherd Street
Londres W1J 7HP, Royaume-Uni
Tél. : +44 20 7495 7055 Fax : +44 20 7495 7044
www.wellsmackereth.com
Photos : © Dominic Blackmore

p. 88 **Azman Architects**
Adresse : 18 Charlotte Road, Shoreditch
Londres EC2A 3PB, Royaume-Uni
Tél. : +44 20 7739 8191 Fax : +44 20 7739 6181
www.azmanarchitects.com
Photos : © Keith Collie

p. 94 **Brian Ma Siy Architect**
Adresse : Unit 2, 101 Amies Street
Londres SW11 2JW, Royaume-Uni
Tél. : +44 20 7978 6431 Fax : +44 20 7978 6432
www.masiy.com
Photos : © Jordi Miralles

p. 102 **McDowell + Benedetti**
Adresse : 68 Rosebery Avenue
Londres EC1R 4RR, Royaume-Uni
Tél. : +44 20 7278 8810 Fax : +44 20 7278 8810
www.mcdowellbenedetti.com
Photos : © Jordi Miralles

p. 108 **Elise Ovanessoff & Stephen Quinn**
Tél. : +44 20 7935 9374
Photos : © Jordi Miralles

p. 116 **Simon Conder Associates**
Adresse : Nile Street Studios, 8 Nile Street
Londres N1 7RF, Royaume-Uni
Tél. : +44 20 7251 2144 Fax : +44 20 7251 2145
www.simonconder.co.uk
Photos : © Jordi Miralles

p. 122 **Derek Wylie**
Adresse : 241-251 Ferndale Road
Londres SW9 8BJ, Royaume-Uni
Tel. : +44 20 7274 6373 Fax : +44 20 7274 1449
Photos : © Nick Kane

p. 130 **Blockarchitecture**
Adresse : 83A Geffrey Street
Londres E2 8HX, Royaume-Uni
Tél. : +44 20 7729 9194 Fax : +44 20 7729 9193
www.blockarchitecture.com
Photos : © Leon Chew

p. 138 **Foreign Office Architects**
Adresse : 55 Curtain Road
Londres EC2A 3PT, Royaume-Uni
Tél. : +44 20 7033 9800 Fax : +44 20 7033 9801
www.f-o-a.net
Photos : © Valerie Bennett

p. 150 **Moneo Brock Studio**
Adresse : Fco. de Asís Mendez Casariego 7
28002 Madrid, Espagne
Tél. : +34 91 563 8056 Fax : +34 91 563 8573
www.moneobrock.com
Photos : © Jordi Miralles

p. 158 **Chroma AD**
Photos : © David M. Joseph

p. 166 **Bonetti Kozerski Studio**
Collaborateurs : Arnold Chan/Isometrix (éclairage) ; I. Grace Company (entrepreneur)
Adresse : 270 Lafayette Street, Suite 906
New York, NY 10012, États-Unis
Tél. : +1 212 343 9898 Fax : +1 212 343 8042
www.bonettikozerski.com
Photos : © Matteo Piazza

p. 172 **H3 Hardy Collaboration Architecture LLC**
Adresse : 902 Broadway,
New York, NY 10010, États-Unis
Tél. : +1 212 677 6030 Fax : +1 212 979 0535
www.h3hc.com
Photos : © Hardy Holzman Pfeiffer Associates

p. 180 **Choslade Architecture**
Adresse : 150 Broadway 807
New York, NY 10038, États-Unis
Tél. : +1 212 677 6380 Fax : +1 212 677 6330
www.choslade.com
Photos : © Jordi Miralles

p. 188 **Messana O'Rorke Architects**
Collaborateurs : James Lee Construction (constructeur)
Adresse : 118 West 22nd Street, 9th Floor
New York, NY 10011, États-Unis
Tél. : +1 212 807 1960 Fax : +1 212 807 1966
www.messanaororke.com
Photos : © Elizabeth Felicella

p. 194 **Moneo Brock Studio**
Adresse : Fco. de Asís Mendez Casariego 7
28002 Madrid, Espagne
Tél. : +34 91 563 8056 Fax : +34 91 563 8573
www.moneobrock.com
Photos : © Jordi Miralles

p. 204 **Alexander Jiménez**
Photos : © Jordi Miralles

p. 210 **Ronnette Riley Architect**
Collaborateurs : Jota Construction (constructeur) ; Gilsanz Murria Steifack (ingénieur)
Adresse : 350 Fifth Avenue, Suite 7401
New York, NY 10118, États-Unis
Tél. : +1 212 594 4015 Fax : +1 212 594 2868
www.ronnetteriley.com
Photos : © Dub Rogers

p. 214 **Smith-Miller + Hawkinson Architects**
Adresse : 305 Canal Street
New York, NY 10013, États-Unis
Tél. : +1 212 966 3875 Fax : +1 212 966 3877
www.smharch.com
Photos : © Matteo Piazza

p. 222 **Ali Tayar**
Photos : © John Hall

p. 228 **Pasanella + Klein Stolzman + Berg**
Adresse : 330 West 42nd Street
New York, NY 10036, États-Unis
Tél. : +1 212 594 2010 Fax : +1 212 947 4381
www.pksb.com
Photos : © Paul Warchol

p. 234 **EFM Design**
Collaborateurs : Ira Frazin (supervision du projet) ; Andrew Ferguson-Chartwell Builders (entrepreneur)
Adresse : 588 Broadway 702
New York, NY 10012, États-Unis
Tél. : +1 212 925 4500 Fax : +1 212 925 4525
www.efmdesign.com
Photos : © Michael O'Neill

p. 240 **Edward I. Mills + Associates**
Adresse : 50 White Street
New York, NY 10013, États-Unis
Tél. : +1 212 334 9891 Fax : +1 212 334 8197
www.eimills.com
Photos : © Chuck Choi

p. 248 **Pasanella + Klein Stolzman + Berg**
Adresse : 330 West 42nd Street
New York, NY 10036, États-Unis
Tél. : +1 212 594 2010 Fax : +1 212 947 4381
www.pksb.com
Photos : © Chuck Choi